Protección psíquica

Guía de autodefensa espiritual para la protección angélica, el karma, la limpieza del alma, la curación del aura y la defensa contra la energía negativa

© Copyright 2024

Todos los derechos reservados. Ninguna parte de este libro puede ser reproducida de ninguna forma sin el permiso escrito del autor. Los revisores pueden citar breves pasajes en las reseñas.

Descargo de responsabilidad: Ninguna parte de esta publicación puede ser reproducida o transmitida de ninguna forma o por ningún medio, mecánico o electrónico, incluyendo fotocopias o grabaciones, o por ningún sistema de almacenamiento y recuperación de información, o transmitida por correo electrónico sin permiso escrito del editor.

Si bien se ha hecho todo lo posible por verificar la información proporcionada en esta publicación, ni el autor ni el editor asumen responsabilidad alguna por los errores, omisiones o interpretaciones contrarias al tema aquí tratado.

Este libro es solo para fines de entretenimiento. Las opiniones expresadas son únicamente las del autor y no deben tomarse como instrucciones u órdenes de expertos. El lector es responsable de sus propias acciones.

La adhesión a todas las leyes y regulaciones aplicables, incluyendo las leyes internacionales, federales, estatales y locales que rigen la concesión de licencias profesionales, las prácticas comerciales, la publicidad y todos los demás aspectos de la realización de negocios en los EE. UU., Canadá, Reino Unido o cualquier otra jurisdicción es responsabilidad exclusiva del comprador o del lector.

Ni el autor ni el editor asumen responsabilidad alguna en nombre del comprador o lector de estos materiales. Cualquier desaire percibido de cualquier individuo u organización es puramente involuntario.

Su regalo gratuito

¡Gracias por descargar este libro! Si desea aprender más acerca de varios temas de espiritualidad, entonces únase a la comunidad de Mari Silva y obtenga el MP3 de meditación guiada para despertar su tercer ojo. Este MP3 de meditación guiada está diseñado para abrir y fortalecer el tercer ojo para que pueda experimentar un estado superior de conciencia.

https://livetolearn.lpages.co/mari-silva-third-eye-meditation-mp3-spanish/

¡O escanee el código QR!

Índice de contenidos

INTRODUCCIÓN 1
CAPÍTULO 1: ¿POR QUÉ NECESITAMOS PROTECCIÓN PSÍQUICA? 3
CAPÍTULO 2: PREPARE PRIMERO SU PSIQUE 14
CAPÍTULO 3: LIMPIEZA DEL ALMA Y DEL KARMA 25
CAPÍTULO 4: LIMPIANDO TU ESPACIO Y EL DE LOS DEMÁS 35
CAPÍTULO 5: DESPUÉS DE LA LIMPIEZA: LA CURACIÓN DEL AURA 48
CAPÍTULO 6: INVOCANDO LA PROTECCIÓN DE LOS ÁNGELES 59
CAPÍTULO 7: PIEDRAS, PLANTAS Y SÍMBOLOS DE PROTECCIÓN 68
CAPÍTULO 8: ROMPER MALDICIONES, HECHIZOS Y ATADURAS 78
CAPÍTULO 9: CÓMO PROTEGERSE Y PROTEGER A SUS SERES QUERIDOS 89
CAPÍTULO 10: RITUALES PARA PROTEGER SU HOGAR 101
CONCLUSIÓN 115
VEA MÁS LIBROS ESCRITOS POR MARI SILVA 117
SU REGALO GRATUITO 118
REFERENCIAS: 119
FUENTES DE IMÁGENES 127

Introducción

Las personas se comunican con las energías de los demás todo el tiempo. Establecer límites para la comunicación energética puede ser un reto. Sin embargo, protegerse de las energías de los demás es fundamental para mantener el equilibrio energético y un estado mental saludable. Algunas personas son más sensibles a las vibraciones de los demás y tienen dificultades para separarse de las influencias energéticas que les afectan. Pueden captar más fácilmente las emociones de la gente, lo que les afecta. Sin embargo, aunque no pertenezca a esta categoría, el estrés, la fatiga y la falta de límites pueden hacerle más vulnerable a las influencias negativas y a los ataques psíquicos. En cualquier caso, no está de más protegerse conscientemente de los efectos energéticos.

Las conexiones psíquicas pueden ser beneficiosas. Por ejemplo, pueden ayudarle a establecer vínculos en las relaciones o a comprender mejor cómo se relaciona con los demás y consigo mismo como persona. Sin embargo, no es saludable permitir que personas que no le son cercanas o que le desean el mal impacten en sus vibraciones. Incluso si sus emociones y vibraciones son positivas, a veces, simplemente quiere ser consciente de sus sentimientos. Ser consciente de uno mismo es fundamental para comprender por qué tiene sentimientos específicos. No puede lograrlo si siempre se ve afectado por las energías de otras personas. Digamos que está en un buen momento emocional, pero pasa tiempo con un amigo que está pasando por un mal momento. Sentirá los efectos de sus vibraciones negativas y puede que le cueste separar sus emociones de las suyas.

La protección psíquica puede ayudarle a separar los sentimientos y pensamientos de los demás de los suyos. Para quienes son más sensibles (temporal o permanentemente) a las energías de los demás, captar sus sentimientos es tan fácil como coger un resfriado. Aprender a aislar sus sentimientos le ayudará a identificar las vibraciones de otras personas, filtrar estos sentimientos o bloquearlos si es necesario.

Este libro le introduce al establecimiento de límites psíquicos y a la creación de un espacio seguro para sus emociones. A través de ejercicios prácticos, comprenderá mejor quién es y cómo le afectan las energías de los demás. Le ayudarán a centrarse y conectarse a tierra para alejar y liberar influencias no deseadas. Prestar atención a sus chakras y auras es crucial para contener su energía y establecer límites psíquicos.

Tras hacer hincapié en la importancia de la protección psíquica, este libro le enseña a preparar su psique proporcionándole consejos y ejercicios para elevar su vibración y agudizar sus habilidades psíquicas. Se le proporcionarán numerosas técnicas, rituales de limpieza e instrucciones para limpiar a fondo su alma. Además, el libro incluye varios rituales de limpieza sencillos y métodos para limpiar su espacio y el de los que le rodean. Una vez limpia, deberá sanar su aura y revertir los daños anteriores.

Varios capítulos están dedicados a diferentes herramientas que puede utilizar para la protección psíquica. En primer lugar, aprenderá a invocar a sus ángeles de la guarda o a un arcángel para pedirles protección contra los ataques psíquicos. Luego, dominará el arte de usar cristales protectores, plantas y símbolos para la protección. Además, se le enseñará a utilizar hechizos para defenderse de maldiciones, maleficios y vínculos, apegos o relaciones no deseados. Por último, este libro ofrece un montón de maneras fáciles de usar para protegerse en casa o en el trabajo, alejar las vibraciones negativas de su hogar, y proteger a sus seres queridos, mascotas o niños, tanto si están cerca de usted o se encuentran lejos.

Capítulo 1: ¿Por qué necesitamos protección psíquica?

Los encuentros con otras personas pueden provocar una contaminación energética[1]

Al iniciarse en el camino de la autodefensa espiritual, muchas personas se preguntan por qué es necesaria la protección psíquica. Esta pregunta surge más a menudo cuando se realizan rituales, incluyendo la manifestación de energía, enfatizando la protección incluso cuando el ritual es por amor, dinero o curación. Las personas mundanas se preguntan por qué es necesaria esta protección, qué peligros existen y si los ataques psíquicos son tan peligrosos cómo para requerir una protección adecuada. Sin embargo, no hay respuestas sencillas a estas preguntas. Primero debe comprender el concepto de energía y cómo le afecta para entender por qué necesita protección contra lo invisible.

Piense en lo siguiente. Durante el día, usted se relaciona con múltiples personas, ya sea en casa, haciendo la compra o simplemente paseando por la calle. Cada persona tiene un aura energética, que afecta directamente a su campo energético. Cuando se relaciona con estas personas, se ve afectado por su estado emocional y su energía. Sus interacciones con los demás crean conexiones emocionales, un aspecto natural del ser humano, y sea consciente de ello o no, estas conexiones emocionales le afectan negativamente. Por supuesto, esto no quiere decir que todas las interacciones puedan afectar negativamente a su energía, sino sólo aquellas con proyecciones dañinas.

Según las leyes de la física, todo en el mundo está hecho de energía en movimiento, incluida su existencia. Así que, en este contexto, sus encuentros diarios con otras personas, ya sean familiares, amigos, colegas o extraños al azar, son esencialmente el encuentro de cuerpos energéticos. Este encuentro provoca una contaminación energética. De hecho, no puede ver esta energía, del mismo modo que no puede ver los gérmenes a simple vista, pero eso no quita que los gérmenes existan. La energía impregna todo lo que le rodea.

Por ejemplo, las emociones son energía. ¿Alguna vez ha entrado en una habitación donde dos personas acaban de terminar una acalorada discusión y ha sentido la tensión y la pesadez del ambiente sin ser consciente de la situación? Esta sensación de malestar y agitación es normal. Aunque no posea habilidades psíquicas, su cuerpo reacciona a estímulos invisibles. Pueden influir en su estado de ánimo, sus niveles de estrés y su bienestar general.

Otro ejemplo de cómo la energía afecta a sus pensamientos y emociones es cuando conoce a alguien por primera vez y se siente instantáneamente atraído por él o, por el contrario, siente incomodidad o malestar. ¿A qué cree que se debe esta impresión inicial? O, como dicen los jóvenes, ¿qué cree que son las vibraciones de una persona? Son la conexión energética entre usted y la otra persona. Del mismo modo, si ha tenido una corazonada sobre algo y más tarde ha descubierto que su intuición era correcta, esta respuesta intuitiva es el resultado de la percepción energética, aunque no pueda verla.

La energía se presenta de muchas formas (discutidas más adelante en el capítulo), pero usted debe ser especialmente cuidadoso al tratar con la energía negativa. Las energías negativas y los ataques psíquicos son energías que le afectan negativamente. La energía negativa puede proceder de muchas fuentes, como el entorno, los objetos o las personas con emociones o intenciones negativas. Si está expuesto a esta energía durante largos periodos, puede agotarle mental y físicamente. Por otro lado, los ataques psíquicos son ataques energéticos intencionados y siempre directos de una persona a otra. Aunque la intención de estos ataques puede ir desde una leve molestia a un odio en toda regla, se manifiestan de diversas formas, como pesadillas, enfermedades repentinas, agotamiento mental o un pavor o ansiedad inexplicables.

La necesidad de protección psíquica no siempre proviene de un peligro aparente, pero sigue siendo crucial, no obstante. Mucha gente malinterpreta la necesidad de protección psíquica sólo cuando hay un espíritu maligno que alejar o una necesidad de defenderse contra ataques conocidos de sus detractores. Sin embargo, las amenazas potenciales pueden adoptar muchas formas, y siempre es mejor estar preparado para ellas. Los ataques psíquicos son muy parecidos a las maldiciones, salvo que no requieren herramientas mágicas rituales. Sin embargo, el impacto es prácticamente el mismo, es decir, devastador. Las personas que practican los ataques psíquicos no necesitan recurrir a velas, símbolos, altares o rituales, sino que manifiestan su energía negativa y su intuición para causar daño, sufrimiento o desgracia a su víctima.

Por lo tanto, la protección psíquica debería ser absolutamente esencial, especialmente para quienes se dedican al trabajo energético o a la magia espiritual. Todo está hecho de energía, lo que significa que sus campos energéticos interactúan continuamente con los que le rodean, haciéndole vulnerable a las energías negativas y a los ataques psíquicos. Éstos pueden afectar gravemente a su bienestar físico, emocional y mental. La protección psíquica le será muy útil; actúa como escudo contra estas fuerzas negativas y le permite mantener un estado mental positivo. Las técnicas regulares de protección, como el enraizamiento, la visualización y la limpieza, fortalecen sus límites energéticos y aumentan su resistencia a las energías negativas, permitiéndole navegar por la vida con mayor facilidad y positividad.

Entendiendo la energía

En el contexto de la protección psíquica y el trabajo energético, la energía se refiere a la fuerza vital que impregna todo en el universo, tangible e intangible. Es la fuerza invisible que fluye en su interior y a su alrededor, dando forma a sus experiencias e interacciones con el mundo. Esta energía no es ni buena ni mala; simplemente es. Puede ser positiva o negativa, dependiendo de cómo se aproveche y utilice. En el trabajo energético, los profesionales tratan de aprovechar esta fuerza y manipularla para lograr resultados concretos, como la curación, la manifestación o la protección psíquica. Comprender la naturaleza de la energía y cómo interactúa con sus campos energéticos es crucial si planea dedicarse al trabajo energético o a la protección psíquica. Existen diferentes energías, incluyendo:

1. **Energía personal:** La energía generada y emitida por su cuerpo. Está influenciada por los pensamientos, las emociones y el estado físico, y puede ser percibida por otras personas cercanas.
2. **Energía ambiental:** Se refiere a la energía del entorno físico que le rodea. Puede estar influida por factores como el clima, la situación geográfica y la actividad humana.
3. **Energía universal:** La energía que existe en todo el universo y que a menudo se asocia con creencias espirituales o metafísicas. Es la fuente de toda vida y la fuerza motriz de muchos fenómenos naturales.
4. **Energía vibratoria:** La frecuencia o vibración de la energía, positiva o negativa. Las energías de mayor vibración, como el amor y la alegría, benefician su bienestar, mientras que las de menor vibración, como el miedo y la ira, afectan negativamente a su salud mental, emocional y física.
5. **Energía elemental:** La energía asociada a los elementos tierra, aire, fuego y agua. Se utiliza a menudo en rituales y hechizos y tiene propiedades y asociaciones específicas que pueden aprovecharse para distintos fines.

Ejercicios para trabajar la energía

Realice algunos ejercicios de trabajo energético para comprender y sentir mejor la energía que le rodea. La manipulación energética se define como la práctica de dirigir y manipular el flujo de energía en su interior y a su alrededor. Esta energía debe considerarse una fuerza que impregna todas las cosas y a la que se puede acceder y utilizar a través de muchas técnicas y prácticas. Se pueden manipular distintas energías, como la espiritual, la emocional y la física.

La energía espiritual es la que está presente en el universo y conecta todas las cosas. La energía emocional es la que generamos a través de las emociones y los sentimientos. La energía física es la que impulsa nuestro cuerpo y nos mantiene vivos.

La manipulación energética utiliza diversas técnicas para aumentar, dirigir o eliminar la energía. Algunas de estas técnicas son la visualización, la meditación, la respiración y el movimiento. Mediante la práctica de la manipulación energética, las personas pueden aprender a equilibrar y mejorar sus niveles de energía, eliminar bloqueos y promover la curación. La manipulación energética puede utilizarse para la manifestación, y las técnicas de manifestación se basan en la idea de que todo está hecho de energía, incluidos los pensamientos y las emociones. Centrando los pensamientos y las intenciones, se puede dirigir el flujo de energía hacia un objetivo o resultado específico, como manifestar la abundancia, el éxito, el amor y la felicidad.

A continuación, se presentan algunas técnicas para manifestar y manipular la energía:

- **Creación de una bola energética**

Para crear una bola de energía, siga estos pasos:

1. Siéntese o póngase de pie cómodamente en un entorno tranquilo y relajado. Cierre los ojos y respire hondo varias veces para centrarse.
2. Visualice una bola de luz en el centro del cuerpo, justo debajo del ombligo. Esta bola puede ser de cualquier color, pero muchos la visualizan blanca o dorada.
3. Al inhalar, imagine que atrae energía de la tierra hacia su cuerpo, llenando la bola de energía. Al exhalar, imagine que la bola se expande y se hace más brillante.
4. Continúe respirando y visualizando la bola de energía cada vez más grande y brillante. Puede que sienta un hormigueo o calor en las manos.
5. Una vez que la bola de energía sea lo suficientemente grande, puede dirigirla a una zona específica o utilizarla para sanar,

proteger o manifestar.

- **Ejercicio sobre detección de energía**

El ejercicio de detección de la energía está diseñado para ayudarle a ser más consciente de la energía que le rodea y de la que hay en su interior. Para realizar este ejercicio, siga estos pasos:

1. Busque un espacio donde pueda sentarse cómodamente y sin interrupciones. Este espacio puede ser interior o exterior, pero asegúrese de que tiene intimidad y no le molestarán.
2. Cierre los ojos y respire hondo varias veces para relajar el cuerpo y aquietar la mente. Si tiene tensión en el cuerpo, suéltela conscientemente al exhalar.
3. Una vez relajado, preste atención a las sensaciones corporales. Observe cualquier sensación física, como hormigueo, calor o presión. No juzgue ni analice las sensaciones. Simplemente obsérvelas.
4. Amplíe gradualmente su conciencia para incluir el espacio que rodea su cuerpo. Observe cualquier cambio en las sensaciones. Puede sentir un cambio de energía o una sensación de expansión.
5. Con la conciencia expandida, sintonice con la energía que le rodea. Podría sentir una vibración sutil o un zumbido, o percibir una cualidad o un color de energía concretos. Preste atención a las impresiones que reciba.
6. Recorra su cuerpo de la cabeza a los pies y fíjese en las zonas en las que sienta un cambio de energía. Puede sentir zonas de tensión o bloqueo, o de apertura y fluidez.
7. Vuelva a centrar su atención en la respiración y respire profundamente unas cuantas veces más. Observe cómo se siente después de este ejercicio. Debería sentirse más enraizado, centrado y conectado con la energía que le rodea.

Recuerde que este ejercicio no consiste en conseguir un resultado concreto, sino en cultivar su conciencia energética y su capacidad para percibirla. Con la práctica, percibirá la energía con mayor facilidad y precisión.

- **Proyección energética**

La proyección de energía envía intencionadamente energía desde su cuerpo a un objetivo o zona específicos. Esta proyección puede utilizarse para diversos fines, como la curación, la protección o la manifestación. Aquí tiene una guía paso a paso para realizar un ejercicio de proyección de energía:

1. Busque un lugar tranquilo y cómodo donde no le molesten. Siéntese o póngase de pie cómodamente con los pies bien apoyados en el suelo.
2. Cierre los ojos y respire hondo varias veces para relajarse y liberar la tensión o el estrés de su cuerpo.
3. Visualice una bola de luz blanca y brillante en el centro del cuerpo, justo debajo del ombligo. Esta bola de luz representa su energía y su poder.
4. Concentre su atención en la zona del cuerpo donde sienta más energía o sensaciones. Pueden ser las manos, el pecho o la frente.
5. Dirija conscientemente su energía hacia esa zona imaginando que la bola de luz se expande y llena ese espacio.
6. Una vez que sienta una fuerte conexión con esa zona, imagine que dirige la energía hacia el exterior, hacia el objetivo deseado: una persona, un lugar o un objeto.
7. Visualice un haz de luz que se extiende desde su cuerpo hasta el objetivo, transportando su energía.
8. Siga concentrándose en el objetivo y visualice que su energía es recibida y absorbida por el objetivo.
9. Cuando se sienta preparado, vuelva lentamente a su cuerpo y a la bola de luz de su centro.
10. Respire profundamente unas cuantas veces y, cuando esté preparado, abra lentamente los ojos.

Recuerde, utilice siempre la proyección de energía con intenciones positivas y respeto por los demás. Además, es importante que después se conecte a tierra para liberar el exceso de energía y volver a un estado de equilibrio.

- **Blindaje energético**

El blindaje energético es una técnica que utiliza la energía para crear un escudo protector alrededor de uno mismo. Este escudo puede ayudarle a alejar la energía o las influencias negativas de los demás y a promover una sensación de seguridad y protección. Aquí tiene una guía paso a paso para realizar un ejercicio de escudo energético:

1. Busque un lugar tranquilo y cómodo donde no le molesten. Siéntese o póngase de pie cómodamente con los pies bien apoyados en el suelo.
2. Cierre los ojos y respire hondo varias veces para relajarse y liberar la tensión o el estrés de su cuerpo.
3. Visualice una bola de luz blanca y brillante en el centro del cuerpo, justo debajo del ombligo. Esta bola de luz representa su energía y su poder.
4. Imagine que esta bola de luz se expande y rodea su cuerpo como una burbuja protectora. Imagine que se hace más grande y más fuerte con cada respiración.
5. Establezca una intención para su escudo energético. Puede utilizar una afirmación simple, como "*Estoy protegido y a salvo de la energía o las influencias negativas*".
6. Mientras sigue visualizando su escudo energético, concéntrese en la seguridad y protección que le proporciona. Puede que sienta calor, paz o calma.
7. Si siente que una energía negativa o influencias no deseadas intentan entrar en su escudo energético, simplemente visualícelas rebotando y volviendo al universo.
8. Cuando esté listo para terminar la práctica del escudo, vuelva lentamente a su cuerpo y a la bola de luz de su centro.
9. Respire profundamente unas cuantas veces y, cuando esté preparado, abra lentamente los ojos.

Puede experimentar con diferentes colores, formas y tamaños para su escudo energético o programarlo con una intención o propósito específico.

Por qué necesita protección psíquica

No hay escasez de negatividad en este mundo y numerosas formas de que esta energía negativa le alcance. Por lo tanto, la protección psíquica es esencial para mantener un campo energético sano y equilibrado. Tanto si las energías negativas que le afectan son intencionadas como si no, pueden tener un efecto perjudicial en su bienestar general. La protección psíquica es particularmente importante para las personas sensibles a la energía, como los empáticos o los psíquicos, porque son más susceptibles a absorber las energías negativas de su entorno. He aquí por qué es esencial tener protección psíquica para usted y su familia:

1. Daño físico

Utilizar correctamente las técnicas para manifestar energía de protección puede ayudarle a salvaguardarse contra el daño físico y otras amenazas planteadas por los ataques psíquicos. Sin embargo, esto no significa que la protección psíquica pueda desviar los ataques físicos. En cambio, es una manera más sutil de guiarle fuera de peligro. La magia de protección le equipa con una guía intuitiva para protegerse de amenazas potenciales. Cuando utiliza la protección psíquica, puede que ni siquiera se dé cuenta de que está a salvo de situaciones peligrosas.

2. Energía nociva

La energía nociva procede de los restos inconscientes de la vida cotidiana, por ejemplo, la tristeza, las discusiones, la ira o la enfermedad. Esta energía puede causar malestar físico, emocional y mental, pero la mayoría de las personas no se dan cuenta porque están acostumbradas a sentirse así. Al utilizar la protección psíquica, se mantendrá protegido de esta energía dañina que drena su energía y enturbia su estado de ánimo.

3. Juicios perjudiciales

Los pensamientos son poderosas formas de energía que manifiestan consecuencias reales, aunque no estén presentes físicamente. Cuando juzga o proyecta pensamientos negativos sobre otra persona, puede dañarla psíquicamente y viceversa. Aunque juzgar o comparar a las personas es natural, la intención que hay detrás de sus pensamientos es importante. Cuando la gente condena o incluso insulta u odia a alguien, le está atacando psíquicamente. Por lo tanto, debe ser consciente de sus palabras y pensamientos hacia los demás. Lo mismo ocurre con los demás, pero, como no puede controlar sus pensamientos, lo mejor es que practique técnicas de protección psíquica para protegerse de sus juicios dañinos (lo que se trata en detalle en los siguientes capítulos).

4. Vampiros psíquicos

Probablemente se haya encontrado con el término "vampiro psíquico" al menos una vez. Este término se refiere a alguien que drena la energía de otras personas sin darse cuenta de lo que está haciendo. Estas personas no son conscientes de sí mismas ni tienen en cuenta el efecto negativo que tienen en los demás. Los vampiros psíquicos suelen tener problemas mentales, emocionales o físicos, por lo que buscan a aquellos que arden con fuerza y se alimentan de sus energías. Sin embargo, este comportamiento no hace más que hundirlos aún más y, en última instancia, acaban siendo rechazados por los demás. Utilizar técnicas para protegerse psíquicamente le puede ayudar a protegerse de ser drenado por vampiros psíquicos.

5. Mesmerismo

El mesmerismo es un ataque psíquico que suprime la voluntad de un individuo, causado por encantarlo y convencerlo con efectos hipnóticos. Es un control mental similar al lavado de cerebro y a menudo no es intencionado o es visto como inofensivo por el mesmerista. Sin embargo, cuando se suspenden el discernimiento y la intuición de un individuo, puede ser perjudicial. Algunos metafísicos explican que el mesmerista proyecta fuerza vital, como prana o akasha, desde sus ojos, para encantar, seducir y controlar al objetivo. La energía del mesmerismo es suave y seductora para embelesar a la víctima. La protección psíquica resulta útil cuando se trata con individuos mesméricos.

6. Energías de vidas pasadas

Algunos creen que las energías negativas pueden adherirse al alma y seguirla de una vida a otra hasta que se afronte y resuelva un problema subyacente. Estas energías pueden estar presentes desde el nacimiento o activarse cuando se encuentra una situación similar en la vida actual. Cuando una persona ha sido maldecida en una vida pasada, esa maldición o sus patrones residuales se trasladan a su existencia actual. Puede ser difícil diferenciar entre los efectos de su karma y las maldiciones de vidas pasadas, pero puede trabajar para resolverlos a través de la reflexión profunda, la meditación y la autoconciencia.

7. Usted mismo

En la práctica psíquica, su bienestar a veces puede verse comprometido por sus propias acciones o la falta de ellas. La baja autoestima, la falta de conciencia, los límites distorsionados, las emociones no resueltas, los miedos personales y los auto juicios críticos pueden contribuir a escenarios de ataques psíquicos. Los individuos temerosos pueden ver entidades malévolas acechando en las sombras, mientras que las personas enfadadas ven a todo el mundo como hostil y buscando hacerles daño. El mundo que le rodea es un espejo, y sin darse cuenta se puede convertir en su propio enemigo, saboteándose a sí mismo. En lugar de culpar a otros, es importante hacer introspección, darse cuenta de que uno mismo podría estar implicado y asumir la responsabilidad de sus actos.

La protección psíquica es un aspecto esencial de la práctica espiritual y de la vida cotidiana. El mundo está lleno de diferentes energías, y no todas son positivas. Sus pensamientos, emociones e interacciones con los demás pueden dejarle vulnerable a energías dañinas que se manifiestan como malestar físico, mental o emocional. Por lo tanto, protegerse de las energías negativas es crucial para mantener el bienestar y llevar una vida equilibrada.

Capítulo 2: Prepare primero su psique

Ahora que comprende la importancia de la protección psíquica y el impacto de las energías negativas en su vida, dé el primer paso para protegerse contra estas vibraciones. Sin embargo, antes de empezar, primero debe preparar su psique. Este capítulo cubre múltiples técnicas para elevar su vibración y agudizar sus habilidades psíquicas para prepararse para varios rituales de limpieza y protección.

Aumente sus vibraciones

Tomar clases de yoga puede ayudarle a elevar su vibración[2]

Las partículas de energía de su cuerpo están en constante movimiento y vibran a un ritmo específico. Su estado de ánimo y su mentalidad influyen en la frecuencia de sus vibraciones. Las emociones positivas, como la gratitud, la felicidad y la tranquilidad, pueden elevar sus vibraciones, mientras que las negativas, como el miedo, la ansiedad y la ira, reducen su frecuencia. En otras palabras, atraer positividad a su vida aumenta sus vibraciones. Se sentirá más ligero espiritual, emocional y físicamente cuando vibre a una frecuencia más alta, mientras que las vibraciones bajas le harán sentir pesado y estresado.

A veces, puede ser difícil controlar las emociones, especialmente si su trabajo o su vida en casa son estresantes. Sin embargo, algunas cosas pueden calmar sus pensamientos, relajar su cuerpo para atraer vibraciones positivas y conectarle con todo y todos en el universo.

Mueva su cuerpo

Seguro que ha oído hablar de los muchos beneficios de hacer ejercicio, caminar y practicar yoga, pero ¿sabía que pueden elevar sus vibraciones? Mover el cuerpo aumenta los niveles de sustancias químicas como la dopamina, la serotonina y las endorfinas, ayudándole a relajarse y a mejorar su estado de ánimo. Mover el cuerpo reduce hormonas nocivas como el cortisol y la adrenalina, que provocan estrés y ansiedad.

No hace falta hacer ejercicios intensos ni ir al gimnasio todos los días; nadar, bailar, montar en bicicleta, pasear por la naturaleza, mover un aro, saltar a la comba o asistir a una clase de yoga bastan. No importa lo que haga, siempre que mueva el cuerpo constantemente.

Escuche música

Todo el mundo sabe que la música le hace sentir bien y mejora su estado de ánimo. Escuche canciones que le animen y le levanten el ánimo mientras se prepara por la mañana o de camino al trabajo. Cante o baile al ritmo de la música y sentirá cómo suben sus vibraciones.

Repita afirmaciones

Las afirmaciones son enunciados positivos que influyen en su subconsciente y en su mente consciente para que piense en positivo. Repetir afirmaciones puede alterar su estado de ánimo, cambiar su mentalidad y aumentar su confianza. Sin embargo, sólo funcionarán si cree en sí mismo y en lo que dice y lo repite a diario.

Cree sus propias afirmaciones o repita estas afirmaciones para elevar sus vibraciones.

- Soy un ser humano altamente vibracional.
- Me siento en paz.
- Estoy lleno de energía.
- Soy un imán que sólo atrae vibraciones positivas.
- Estoy agradecido de estar sano.
- Elevo mi vibración.
- Yo creo mi vida.
- Me encanta la persona en la que me he convertido.
- Estoy rodeado de positividad.
- Vibro más alto y me siento más ligero.
- Acepto todas las experiencias de alta vibración que me llegan.
- Estoy agradecido y feliz con mi vida.
- Vibro en una frecuencia alta.
- Elijo la gratitud y la felicidad cada día.
- Estoy en armonía con el universo.
- Merezco todas las cosas buenas de la vida.
- Elijo la gratitud y la alegría cada día.
- Elijo amar y tener energía positiva.
- Tengo el control de mi vida.
- Elevo mis vibraciones.
- Atraigo experiencias y personas positivas.
- Sólo pienso en positivo.
- Doy alegría y recibo positividad y felicidad.
- Soy testigo de milagros cada día.
- Tengo todo lo que necesito.
- Difundo positividad allá donde voy.
- Manifiesto mis deseos a través de mis altas vibraciones.
- Elijo elevar mis vibraciones cada día.

Aromaterapia

La aromaterapia consiste en utilizar aceites esenciales para mejorar el bienestar y la salud. Es un antiguo tratamiento holístico que la gente sigue utilizando hoy en día. Algunas esencias pueden afectar al cerebro e influir en las emociones. Por ejemplo, oler aceite de lavanda puede relajarle y reducir el estrés. El incienso, la manzanilla y el eucalipto son conocidos por sus efectos calmantes. Oler cítricos y menta puede mejorar su estado de ánimo y elevar su vibración.

Puede utilizar un difusor de aceite para esparcir el aroma por su casa, aplicarse aceites diluidos en las muñecas o detrás del lóbulo de la oreja, o utilizar velas aromáticas en la habitación donde se encuentre.

Rutina diaria

Mucha gente asocia tener una rutina diaria con el aburrimiento, pero puede ser eficaz para elevar su vibración. Si reserva un tiempo cada día para hacer algo que le guste, tendrá algo que esperar con impaciencia. Por ejemplo, un café por la mañana o un paseo por la naturaleza pueden ser buenas opciones. Asegúrese de incorporar cosas que le aporten alegría a su rutina diaria. Aunque sea algo pequeño, como comer chocolate, hará que su día sea muy especial.

Plantas

Lleve la naturaleza a su casa si no tiene jardín o vive alejado de ella. Coloque algunas macetas con plantas en distintas zonas de su casa. Mejorarán la decoración, reducirán el estrés, le harán sentir relajado, limpiarán el aire, mejorarán su estado de ánimo y elevarán su vibración.

Diario

Por su cabeza pasan muchos pensamientos que pueden causarle estrés y ansiedad y disminuir sus vibraciones. Poner estos pensamientos por escrito es una forma estupenda de despejarse y enfrentarse cara a cara con lo que le preocupa. A menudo, cuando escribe sus miedos y los lee en voz alta, se dará cuenta de que no son tan graves como su mente los ha hecho parecer.

Cada noche, antes de irse a dormir, siéntese y escriba cada pensamiento en su diario, tanto si se trata de asuntos que le preocupan como de objetivos que desea alcanzar. Organícelos y deles prioridad, y elabore un plan para resolver sus problemas o alcanzar sus objetivos.

Si es nuevo en esto de llevar un diario y busca cosas que escribir para elevar su vibración, aborde estas preguntas:

- ¿Cómo puede añadir valor a su vida y al mundo?
- ¿Qué nutre su cuerpo, su mente y su espíritu?
- ¿Cómo practica el amor y el cuidado de sí mismo?
- ¿Qué le hace levantarse por la mañana y por qué?
- ¿De qué se siente más orgulloso?
- ¿Cuándo y dónde se siente más feliz?
- Describa su día ideal y qué puede hacer para alcanzar esa sensación.

Practique la gratitud

Dar las gracias por sus bendiciones y centrarse en lo que tiene en lugar de en lo que le falta puede cambiar su perspectiva y elevar su vibración. Practicar la gratitud puede ser un reto para algunos, ya que les cuesta encontrar cosas por las que estar agradecidos cada día. Sin embargo, la vida está llena de muchos regalos por los que puede estar agradecido, pero suelen ser pequeñas cosas de las que a menudo no se da cuenta o que da por sentadas, como no encontrarse con tráfico de camino al trabajo, tomar una taza de café perfecta o recibir un abrazo del perro de su vecino.

Escriba las cosas por las que está agradecido, pero en lugar de hacer una lista del tipo "estoy agradecido por mis hijos" o "estoy agradecido por mi salud", explique por qué las aprecia, qué las hace especiales, cómo mejoran su vida y cómo se sentiría sin ellas. Cada día, escriba una cosa por la que esté agradecido con tres o cinco razones por las que son significativas. Cuando haya terminado, se sentirá mejor y sus vibraciones aumentarán. Siempre que se sienta deprimido, puede recurrir a su diario de agradecimiento para recordar todas sus bendiciones, y su estado de ánimo cambiará al instante.

Socialice

Incluso las personas más introvertidas necesitan relacionarse con los demás y sentirse parte de una comunidad; es la naturaleza humana. Pase tiempo con personas que le animen y le hagan sentir mejor consigo mismo. Elija a personas con las que comparta intereses y valores y con las que pueda hablar de cualquier cosa. Aléjese de las personas que le bajan los humos juzgándole, haciéndole sentir mal consigo mismo y recordándole sus fracasos pasados en lugar de apoyarle y celebrar sus éxitos. Observe su círculo y fíjese en quién le sube la energía después de pasar tiempo con él y quién le deprime y le agota. La positividad es contagiosa, así que rodéese de personas de las que pueda contagiarse de vibraciones positivas.

Reiki

El reiki es una técnica de sanación en la que un practicante utiliza su mano para transferir energía positiva a su cuerpo con el fin de reducir el estrés y hacerle sentir relajado. Durante una sesión de reiki, el practicante aflojará la energía negativa y limpiará sus vías para elevar las vibraciones.

Desconecte

En esta era moderna, la gente está siempre conectada y detrás de sus pantallas, normalmente mirando las fotos de sus amigos y familiares en Instagram, y no puede evitar comparar sus vidas con las de sus amigos. Esto conduce a pensamientos negativos y bajas vibraciones. Desconecte durante unas horas cada día y conecte consigo mismo. Haga algo que le guste y practique el autocuidado, como un masaje, leer un libro, cocinar algo sano, probar algo nuevo o terminar un proyecto que ha estado posponiendo. Simplemente baje el ritmo, céntrese en el presente y disfrute del momento.

Sea creativo

¿Cuándo fue la última vez que realizó un proyecto creativo? Por desgracia, mucha gente no tiene tiempo para crear o se ha desanimado. Haga algo que le apasione para dedicarle horas y perderse en ello. Se sentirá menos estresado, más seguro de sí mismo y de mejor humor al terminar. Estos sentimientos suelen ser el resultado de la dopamina que se libera en su cuerpo cuando se sienta realizado y orgulloso de algo que ha creado.

Si no encuentra algo que le apasione, piense en su infancia. ¿Qué le gustaba hacer? O quizá hay algo que siempre ha querido probar, como pintar, cantar o escribir. Cuando lo encuentre, empiece a crear.

Esté en la naturaleza

La naturaleza es lo más parecido a la magia que tiene el ser humano. Pasear o ir de excursión rodeado de un bello paisaje puede alterar su estado de ánimo y sus vibraciones. La luz del sol en la cara, el viento en el pelo y el suelo bajo los pies pueden hacer que se sienta relajado y en paz.

Ordene

No hay nada que transmita menos vibraciones que el desorden. Los ambientes desordenados drenan su energía y le hacen sentir estresado e incómodo. Muchos de estos objetos innecesarios pueden transportar energías negativas o recuerdos que le hacen infeliz. Retire todo lo que ya no necesite para permitir que la energía fluya fácilmente en su hogar. Quédese con lo que utilice, le haga feliz y añada significado a su vida. Done su desorden en lugar de tirarlo, haciendo que este proceso tenga más sentido.

Llegue a la raíz de la negatividad

Profundice en sí mismo para determinar la razón de la energía y las emociones negativas que ha estado experimentando. El diario y la terapia pueden empujarle a ser realista consigo mismo, a enfrentarse a sus sentimientos para llegar a la raíz del problema, solucionarlo y elevar sus vibraciones.

Quiérase

Trátese con amor y compasión. Utilice palabras positivas cuando hable de usted y evite los pensamientos negativos. Imagine que un ser querido se siente mal y acude a usted en busca de apoyo. ¿Qué le diría? Use esta misma amabilidad consigo mismo cada vez que se sienta triste y necesite ánimos.

Perdone y olvide

Guardar rencor puede hacerle sentir pesado, consumirse con emociones negativas y bajar sus vibraciones. Es hora de perdonar y olvidar. O perdona a los que le hicieron daño y pasa página, o les deja marchar y supera todo lo que le hicieron pasar, liberando la energía negativa y sustituyéndola por energía positiva.

Lo más importante es perdonarse a sí mismo. No se pase la vida lamentándose y auto culpándose. Comprenda que es humano y que cometer errores es normal; así es como se aprende.

Meditación

La meditación es una de las herramientas más eficaces contra las bajas vibraciones. Mira hacia dentro y se centra en las emociones positivas y en dejar ir el caos y la energía negativa que afectan a su vibración. Meditar es como limpiar su cerebro y su espíritu, ya que deja ir los pensamientos y emociones que ya no le benefician y adopta los positivos y calmantes. Puede meditar en casa después de levantarse, antes de acostarse o incluso en el trabajo. Sólo necesita diez o quince minutos diarios, que supondrán una enorme diferencia en su vida.

Técnicas de meditación

Instrucciones:

1. Elija una habitación o un espacio tranquilo, sin distracciones, y ponga el teléfono en silencio. Si lo prefiere, puede poner música suave.
2. Siéntese recto, coloque las manos sobre las rodillas con las palmas hacia arriba y asegúrese de estar cómodo.
3. Cierre los ojos, despeje la mente y concéntrese en el momento presente.
4. Respire profundamente por la nariz y espire por la boca varias veces.
5. Sienta cómo el estrés, la ansiedad y la negatividad abandonan su cuerpo con cada inspiración y exhalación.
6. Concéntrese en su respiración y sienta cómo el aire entra y sale de su pecho. Está inhalando positividad y relajación y exhalando vibraciones negativas.
7. Visualícese rodeado de luz blanca. Esta luz es la energía calmante, amorosa y sanadora que eleva su vibración.
8. Sienta cómo la luz nutre y da energía a su cuerpo, mente y espíritu con cada respiración.
9. Sienta emociones positivas como el amor, la alegría, la gratitud, la bondad, la compasión u otros sentimientos que experimente en ese momento.
10. Permanezca sentado con estos sentimientos durante un rato y termine la sesión expresando gratitud.

Visualización

Visualizar es imaginar algo que quiere atraer a su vida. Aunque solo visualice el momento y no lo esté viviendo, puede experimentar todas sus emociones positivas.

Técnicas de visualización
Instrucciones:

1. Siéntese o túmbese en una habitación tranquila, lo que le resulte más cómodo.
2. Cierre los ojos y respire lentamente hasta que se sienta relajado y tranquilo.
3. Visualice un momento o un lugar que le haga feliz. También puede ser un lugar que desee visitar.
4. Experimente el momento en su imaginación con cada uno de sus cinco sentidos. Concéntrese en lo que oye, como las voces de su madre o de sus hijos. Fíjese en los olores que le rodean, como las flores, la receta favorita de su abuela o el mar. ¿Qué siente? ¿Es una fría noche de invierno o un cálido día de verano? Mire a su alrededor y capte todo lo que vea, como las estrellas, la luna, las flores o las caras de sus seres queridos.
5. Ahora, imagínese moviéndose y sintiéndose más tranquilo y alegre.
6. Siga respirando despacio y observando su entorno mientras lo experimenta con cada uno de sus cinco sentidos.
7. Imagine que las vibraciones positivas y la armonía entran en su cuerpo y que las vibraciones negativas se van con cada respiración.
8. Para terminar la sesión de visualización, abra lentamente los ojos y siga respirando hasta que estés listo para moverse.

Respiración

Sea lo que sea a lo que se enfrente en la vida, recuérdese siempre respirar. La respiración puede calmar su cuerpo y su mente cuando está estresado, ansioso o asustado. Varios ejercicios de respiración pueden elevar su vibración.

Técnicas de respiración
Nadi Shodhana

Nadi Shodhana es un ejercicio respiratorio conocido como respiración alterna-nostril. Practique ejercicios respiratorios como la meditación y la visualización sentándose cómodamente en un lugar tranquilo.

Instrucciones:

1. Utilice el dedo anular y el pulgar para tapar cada una de las fosas nasales.
2. Inspire por la fosa nasal izquierda mientras bloquea la derecha, luego bloquee la izquierda y espire por la derecha. Invierta el proceso tapando la fosa nasal derecha e inspirando por la izquierda.
3. Repita el proceso unas cuantas veces y prolongue la inhalación y la exhalación hasta que se sienta relajado.

Perfeccione sus habilidades psíquicas

Protegerse de los ataques psíquicos implica limpiar el alma e invocar a su ángel de la guarda, algo que sólo puede hacer recurriendo a su intuición y agudizando sus habilidades. Estas habilidades le empujarán a ir más allá de lo físico y adentrarse en el mundo espiritual.

Escuche a su instinto

Nunca ignore sus instintos porque suelen ser correctos. Si alguien o algo le hace sentir incómodo o incluso enfermo, es su intuición diciéndole que evalúe la situación porque algo no va bien. Todo el mundo tiene una voz interior, pero sólo unos pocos conectan con ella y la experimentan. Manténgase en sintonía con esta voz; cuando le advierta de algo, tómeselo en serio.

Utilice sus cinco sentidos

Procese la información y sienta todo lo que le rodea utilizando sus cinco sentidos. Probablemente verá y oirá cosas que otras personas no ven, pero no se dará cuenta sin emplear todos sus sentidos.

Prepárese

Cuando agudice sus habilidades psíquicas, empezará a recibir diversos mensajes. Sin embargo, algunos no tendrán sentido. Cree que todo lo que ve es real, aunque sea algo sencillo como un objeto o un nombre. Sólo podrá perfeccionar sus habilidades si se toma en serio cada mensaje que reciba. Experimentará energías negativas ya que está abierto y preparado para recibir cualquier cosa que le llegue. Enséñese a no prestar atención a la negatividad dejándola fluir a través de usted o practique cualquier técnica para elevar su vibración.

A lo largo de su vida, atraerá todas las formas de energía. Cuando sus habilidades psíquicas se agudizan, le dejan abierto a las vibraciones buenas y dañinas. Elevar su vibración le protege contra la negatividad. Las técnicas de este capítulo deberían formar parte de su rutina diaria para actuar como un arma contra las energías negativas que recibe constantemente. Con el tiempo, la práctica de estas técnicas se convertirá en algo habitual, y su intuición y sus vibraciones le alertarán automáticamente de las energías dañinas contra usted, su familia y sus seres queridos. Cuando tenga experiencia y confianza en el uso de estas técnicas, enséñeselas a aquellos que le importan profundamente, para que puedan obtener la misma protección, positividad y felicidad que usted.

Recuerde que la positividad atrae las buenas vibraciones y la negatividad las malas. Cuando sustituye emociones como la tristeza y la ira por alegría y gratitud, atrae cosas buenas a su vida, elevando su vibración y preparándole para limpiar su karma y su alma.

Capítulo 3: Limpieza del alma y del karma

Al igual que usted toma precauciones para mantener una buena salud, las técnicas de prevención son la forma más eficaz de abordar las cuestiones de defensa psíquica. Este enfoque tiene como objetivo restaurar el equilibrio y la armonía, lo que puede ayudar a prevenir las perturbaciones que pueden desconcentrarle. La práctica regular de la limpieza espiritual puede fortalecerle para resistir mejor los ataques psíquicos, dejándole menos vulnerable al daño. Estas formas básicas de cuidado psíquico pueden ayudarle a desarrollar inmunidad psíquica a la mayoría de las formas de daño y proporcionarle protección contra las influencias negativas externas.

La limpieza del alma y del karma puede ayudarle a restablecer el equilibrio de su vida[a]

Ha estudiado el concepto de cuerpos energéticos en los capítulos anteriores y ahora es consciente de cómo pueden afectar a su bienestar general. Cuidar su cuerpo energético es tan importante como cuidar su higiene física. Al igual que evita que las bacterias físicas se acumulen y consuman las sustancias que dan vida a su cuerpo físico, debe hacer lo mismo con su cuerpo espiritual. Sus interacciones diarias dejan su cuerpo energético desequilibrado y contaminado.

Aunque muchos creen que sólo tienen un cuerpo con una fuerza animadora conocida como alma, los verdaderos individuos psíquicos reconocen que los humanos tienen diferentes cuerpos energéticos que conforman su mezcla única de energías. Los metafísicos categorizan estos cuerpos energéticos de forma diferente. Algunos sistemas tienen siete, nueve, diez o doce cuerpos, cada uno con atributos únicos. Sin embargo, independientemente del nombre o de la cultura, estos sistemas más complejos suelen simplificarse en cuatro cuerpos basados en los cuatro elementos. Cada cuerpo tiene necesidades y métodos específicos de cuidado y limpieza, y cada elemento ofrece su camino hacia la higiene psíquica en varios niveles.

Las técnicas de higiene elemental se solapan en propósito y ejecución, ya que los cuerpos espirituales se intercomunican entre sí. Es importante encontrar al menos una técnica que resuene con usted y utilizarla a menudo. La salud de cada cuerpo depende de la salud de los demás. Los cambios en un cuerpo afectan a todos los demás, desde los niveles más sutiles a los más densos y viceversa, por lo que no debe descuidar el proceso de limpieza de ningún cuerpo energético. A continuación, se explica en profundidad cómo funciona cada cuerpo energético, qué papel desempeña y cómo puede limpiarlos de la contaminación energética externa:

El cuerpo físico

El cuerpo físico es probablemente el concepto más fácil de comprender. Está formado por carne, sangre, órganos y huesos. El cuerpo físico está asociado al elemento tierra, considerado el más denso de los cuatro elementos. Por lo tanto, para la limpieza espiritual del cuerpo físico se requieren las técnicas de limpieza más poderosas y terrenales. Estas técnicas incluyen rituales sencillos con acciones físicas directas y pueden tener un efecto de gran alcance en todos sus cuerpos energéticos. El ritual de limpieza más común es el "sahumerio", un ritual sencillo pero poderoso que mucha gente hace casi a diario.

El sahumerio consiste en pasarse a uno mismo, a otros o a objetos por el humo sagrado de un incienso bendito. Se cree que el humo purifica y limpia energéticamente a la persona u objeto. Aunque el sahumerio se utiliza sobre todo para limpiar un espacio o un objeto, también puede limpiar a las personas. Los materiales utilizados en la limpieza, como maderas, hierbas y resinas, proceden del mundo natural, es decir, son orgánicos y están en armonía con el elemento tierra. Cuando se queman, la vibración de los materiales se intensifica y se libera en el espacio previsto, emanando mucho más allá del humo visible. Se intensifica aún más cuando se bendice el incienso.

La gente se refiere a energías más bajas, lentas y estancadas cuando habla de energía "negativa" o dañina. Quemar un incienso poderosamente protector y purificador obliga a estas vibraciones más bajas a igualarse o a ser eliminadas de la zona, ya que no pueden existir en ese nivel más bajo y denso cuando están rodeadas de energía refinada. La energía superior obliga a la energía inferior a igualarse a ella; si no puede, debe abandonar el espacio sagrado.

Instrucciones para el sahumerio

Existen varios tipos de incienso: varitas, conos, palitos y gránulos. Las varitas de incienso son manojos de hierbas secas apretadas entre sí. Aunque se pueden comprar en comercios, puede ser divertido hacerlas uno mismo. Reúna hierbas frescas y colóquelas juntas. Envuélvalas bien con un hilo de algodón y déjelas secar uniformemente sobre una pantalla. A continuación, encienda la punta y sople para crear humo sagrado. Asegúrese de que dispone de un recipiente ignífugo para sostenerlo bajo la varilla de sahumerio, como un cuenco de barro o una concha marina.

El incienso en polvo es más desordenado, pero proporciona un ambiente más "brujesco". Triture las hierbas hasta convertirlas en polvo con un mortero tradicional o un molinillo eléctrico. A continuación, consiga unos bloques o discos de carbón vegetal, que suelen venderse en las tiendas, para utilizarlos como base combustible. Encienda el carbón y espolvoree el incienso sobre él para que arda, añadiendo más incienso de vez en cuando si necesita más humo. Utilice un utensilio no inflamable para retirar la ceniza acumulada y añada más hierbas.

Una vez que el incienso esté humeando, pase los objetos que esté limpiando a través del humo. Cuando se tizne, difunda el humo por todo el cuerpo, incluyendo la frente y la espalda. A menudo se utilizan plumas, como las de pavo o cuervo, con las varitas tradicionales de salvia u otros manojos de hierbas para avivar las brasas y crear más humo.

El sahumerio puede ser ceremonial. Mantenga el incienso encendido hacia el norte, el este, el sur, el oeste, arriba, abajo, cerca del suelo, el lado izquierdo, el lado derecho y luego el corazón, pidiendo la bendición de todas las direcciones y dioses antes de emborronarse a sí mismo, a otra persona o a un objeto. Estar presente y consciente de su cuerpo es esencial para proteger verdaderamente el cuerpo físico. Céntrese a través de rituales como el emborronamiento. Al ser consciente, reacciona con mayor eficacia ante situaciones difíciles.

El cuerpo emocional

El cuerpo emocional recibe distintos nombres, como cuerpo astral, cuerpo psíquico y cuerpo onírico. Simbolizado por el elemento agua, fluye y toma forma como el agua en un recipiente, con la fuerza de la imaginación y la voluntad dándole forma. Cuando conecta con ellos durante el sueño, sus pensamientos, esperanzas, sueños y miedos toman forma en el plano astral. Del mismo modo, sus emociones toman forma, fluyen fácilmente como el agua y son susceptibles a los contaminantes y toxinas emocionales de los demás si carece de límites sólidos.

La empatía es la capacidad de sentir y relacionarse con las emociones y puntos de vista de otra persona. Esta energía puede ser una bendición o una maldición, dependiendo de cómo se exprese y se maneje. Es un gran don cuando se es sólido en los cimientos personales y se utiliza la sensibilidad para adquirir una mayor conciencia de las relaciones y las situaciones. Las personas con una empatía sana suelen convertirse en sanadores, profesores, terapeutas, trabajadores sociales, artistas, intérpretes y músicos.

Sin embargo, la empatía incontrolada puede ser abrumadora y confusa, y sin límites sólidos es difícil discernir qué sentimientos proceden de una fuente externa y cuáles son propios. La meditación regular y disciplinada y los rituales de naturaleza introspectiva, con técnicas de fijación de límites y sanación, son útiles para quienes tienen fuertes problemas de empatía.

Establecer límites es clave para gestionar las capacidades empáticas, lo que incluye protegerse de la energía emocional de los demás y reconocer cuándo hay que dar un paso atrás y centrarse en el propio bienestar emocional. Es importante practicar con regularidad el autocuidado para evitar agotarse y sentirse abrumado.

Además de la empatía, otras formas de sensibilidad psíquica afectan al cuerpo emocional. Entre ellas se encuentran la clarividencia, la clariaudiencia y la clarisentiencia, entre otras. Cada una de estas habilidades tiene una forma diferente de percibir la información psíquica y afecta de forma única al cuerpo emocional.

Desarrollar y perfeccionar estas habilidades puede ser una herramienta valiosa para comprender y navegar por el paisaje emocional de uno mismo y de los demás. Sin embargo, es crucial abordar estas habilidades con responsabilidad y discernimiento y buscar orientación y apoyo.

Baño ritual

El baño ritual es una técnica poderosa para limpiar y sanar el cuerpo emocional. No hay que subestimar las cualidades purificadoras del agua. Aunque muchas tradiciones de brujería hacen hincapié en la importancia de un baño ritual antes de los trabajos serios, la mayoría de las brujas se saltan el baño y se lanzan directamente a los hechizos. Sin embargo, cuando se realiza un baño ritual, el ritual tiene una cualidad más cargada, más psíquica y más magnética. El agua tiene la capacidad de limpiar el cuerpo emocional y físico, y el uso de hierbas protectoras y limpiadoras en los baños rituales infunde al agua sus propiedades. Las sales extraen las energías densas y el vinagre neutraliza las energías nocivas. Por ejemplo, el vinagre puede dejarse en un cuenco para que absorba y recoja las energías nocivas y luego tirarlo a la tierra o por el desagüe.

He aquí una receta de sales de baño limpiadoras con una mezcla de sal marina, flores u hojas de lavanda, flores u hojas de milenrama, artemisa o mirra y aceite esencial de lavanda y mirra.

1. Mezcle los ingredientes sosteniendo cada uno de ellos (excepto los aceites) en sus manos, permitiendo que su energía se mezcle con los poderes curativos naturales de cada ingrediente.
2. Una vez mezclados los ingredientes, guárdelos en un frasco hermético durante unas semanas para que los aromas se mezclen.
3. Coloque unas cucharadas de la mezcla en una bolsa de muselina o algodón y sumérjala en el agua del baño.

4. Cuando esté listo para salir del baño, deje que el agua escurra mientras está sentado en la bañera. Permita que las energías no deseadas se vayan por el desagüe y se neutralicen con la sal y las hierbas.

Rituales florales

Otro método de protección basado en el agua es el uso de hierbas y aguas florales: el agua de rosas es la más común y poderosa. El agua de rosas puede comprarse en farmacias o prepararse en casa con aceite esencial de rosas, agua y alcohol. El número de gotas de aceite esencial varía en función de la intensidad del aroma. Otro método para hacer agua de rosas consiste en preparar una infusión de pétalos de rosa y agua, y luego mezclarla con la solución de agua y alcohol. Se puede crear un verdadero hidrosol utilizando una olla grande, dos cuencos más pequeños y una tapa con pétalos de rosa y agua. El agua recogida en el cuenco es su agua de rosas, conocida como hidrosol de rosas, que debe conservarse con alcohol o glicerina.

Las rosas son espiritualmente edificantes y energizantes y se consideran la vibración del amor puro. Son la sustancia más protectora en muchas tradiciones. La flor simboliza el amor, mientras que las espinas simbolizan la protección. Si no dispone de agua o aceite de rosas, puede visualizar rosas a su alrededor para protegerse, invitando al espíritu de la flor de rosa, que se marchita en el ojo de la mente al absorber la energía dañina.

El cuerpo mental

La mente es el cuerpo que a menudo requiere más limpieza. Normalmente, la mente es caótica y está desordenada, lo que dificulta encontrar y utilizar información útil sin que lo impidan los residuos acumulados del pasado. En consecuencia, el proceso espiritual consiste principalmente en eliminar el exceso de equipaje del armario mental para establecer la armonía y el orden. Aunque se generan millones de pensamientos a diario, la mayoría se repiten, siguen patrones familiares y estáticos y rara vez crean algo nuevo. Los pensamientos son menos densos y crean sentimientos, mientras que las emociones son más densas que los pensamientos. Concentrarse en un pensamiento durante el tiempo suficiente puede evocar sentimientos asociados que crean sensaciones y reacciones corporales mensurables en el mundo físico. El mundo físico es más denso que el mundo emocional. Por lo tanto, el estado mental determina la salud a nivel emocional y físico.

Los verdaderos innovadores y los individuos mágicos pueden pensar más allá de los patrones y hábitos habituales para ver las cosas de otra manera. Los cuerpos mentales deben entrenarse de forma similar a los cuerpos físicos. El trabajo escolar tradicional, como las matemáticas y la memorización, es útil, pero no es la técnica más poderosa, ya que puede atrapar la mente en patrones. La limpieza mental no consiste en pensar como los demás, sino en descubrir su verdadero yo. Las experiencias de mayor limpieza mental son las que eliminan lo que no sirve a la mente y ayudan a entrenarla para que sea una herramienta, un sirviente y una ayuda en lugar del amo. La clave está en la introspección mental, que permite tomar conciencia de los hábitos y patrones que contribuyen a que se produzcan acontecimientos indeseables en su vida.

Escribir un diario es un excelente punto de partida para el trabajo introspectivo. Escribir las cosas que pasan por la mente establece disciplina y permite identificar patrones de forma consciente. Llevar un diario de sueños para ayudar a reflexionar sobre los temas subconscientes que se manifiestan durante el sueño es esencial.

La meditación regular es otra herramienta de higiene mental. Consiste en tomarse un tiempo para estar en silencio y escuchar la guía más elevada. Existen varias técnicas de meditación, como las orientales de observar la mente, centrarse en la respiración o utilizar un mantra, y las occidentales de visualización y relajación. La meditación regular reduce el estrés, aumenta la vitalidad y potencia la creatividad.

El cuerpo del alma

El cuerpo del alma está relacionado con el elemento fuego, que representa la chispa personal de la divinidad dentro de cada uno. A menudo se hace referencia al alma como el yo superior y se asocia con el nivel más alto de conocimiento espiritual. Es la parte más energética y escurridiza de uno mismo y, por lo tanto, la más protegida e intocable del daño externo. La naturaleza ardiente del alma impide la acumulación de energía dañina, quemando lo que no te sirve de forma positiva. La verdadera protección, la intrepidez y la sabiduría eterna se consiguen identificándose con el alma y no con la mente, las emociones o el cuerpo. En esencia, está conectado a todas las cosas, pero no está atado a ninguna.

Las técnicas de curación y protección utilizan el fuego para extender la energía divina del alma a otros cuerpos sutiles. La primera técnica consiste en entrar en contacto directo con el fuego solar saliendo al exterior, a la luz del sol, de cinco a diez minutos diarios. Permite que la energía espiritual del Sol queme las energías nocivas que se hayan podido acumular y llena su aura de energía vital, haciéndole más sano y resistente a los daños. La segunda técnica consiste en visualizar el Sol mientras medita y atraer su luz blanca y dorada para que le rodee y le revitalice.

Debe pensar que existe en los cuatro niveles espirituales simultáneamente y buscar el equilibrio y la armonía con sus componentes físicos, emocionales, mentales y del alma para alcanzar la verdadera salud. El dominio de estos niveles proporciona protección espiritual, por lo que no tiene que estar en un trance profundo o realizar un ritual en profundidad para invitar a las energías curativas del fuego, la luz y el Sol para obtener salud y protección.

Entendiendo el Karma

El concepto de karma no es complejo ni abstracto. Se refiere a sus acciones y a las consecuencias que se derivan de ellas. El karma es un ciclo de causa y efecto que da forma a las vidas. Sus acciones pasadas influyen en sus experiencias presentes y futuras. Las acciones positivas crean un karma basado en el amor, que aporta valiosas lecciones para el crecimiento personal. Por el contrario, las acciones negativas crean un karma basado en el miedo, que a menudo conduce a juicios y consecuencias. Sin embargo, el karma negativo puede transformarse en positivo mostrando amor, compasión y perdón a uno mismo y a los demás.

Mantener la pureza en pensamientos, palabras y acciones es esencial para crear buen karma. A pesar de sus mejores intenciones, a veces causa dolor o daño. En estas situaciones, es crucial reconocer los errores, aprender de ellos y enmendarlos. Perdonarse a sí mismo y a los demás para evitar que vuelva la energía negativa es vital.

Debe enviar amor y luz a todo el mundo, evitar los motivos ocultos o los dramas de control, cultivar la gratitud y practicar el perdón para crear un karma positivo. El perdón es una práctica difícil pero esencial para manifestar un karma basado en el amor. La culpa y las emociones negativas pueden provocar un sufrimiento innecesario, pero puede avanzar y crecer perdonándose a sí mismo y a los demás. Recuerde que los errores forman parte del ser humano y que siempre puede aprender de ellos.

Otras técnicas de limpieza del alma

- **Curación por el sonido:** La sanación con sonido utiliza frecuencias sonoras para equilibrar la mente, el cuerpo y el alma. Utiliza instrumentos como cuencos tibetanos, gongs o diapasones para producir vibraciones que penetran en el cuerpo y ayuden a liberar la energía bloqueada. Puede asistir a una sesión de sanación por sonido con un profesional o realizarla en casa poniendo música relajante y concentrándose en las vibraciones.

- **Limpieza de chakras:** Los chakras son centros energéticos del cuerpo que pueden bloquearse o desequilibrarse, provocando problemas físicos y emocionales. La limpieza de chakras utiliza diversas técnicas para liberar los bloqueos y equilibrar el flujo de energía. Las técnicas pueden incluir visualización, meditación o cristales.

- **Respiración:** La respiración utiliza técnicas respiratorias específicas para acceder a distintos estados de conciencia y liberar emociones o traumas almacenados. Puede practicarse con un profesional o en casa con meditaciones guiadas.

- **Baño de bosque:** el baño de bosque, conocido como *shinrin-yoku*, es una práctica japonesa que consiste en sumergirse en la naturaleza y utilizar todos los sentidos para conectar con el entorno. Puede ayudar a reducir el estrés y la ansiedad, mejorar el estado de ánimo y promover la calma y la relajación.

- **Corte de cuerdas:** Cortar el cordón es una técnica de visualización que consiste en cortar los cordones energéticos entre uno mismo y otra persona o situación. Puede ayudarle a liberar energía negativa, dejar atrás traumas del pasado y crear límites saludables.

- **Viaje chamánico:** El viaje chamánico utiliza tambores rítmicos u otros sonidos para entrar en un estado alterado de conciencia. Durante este estado, puede conectar con su sabiduría interior, guías espirituales y otras fuentes de orientación y sanación.

La limpieza del alma y del karma son prácticas vitales para cualquiera que busque una vida equilibrada y plena. Sus acciones, pensamientos y emociones crean su karma, que le afecta a usted y a los que le rodean. Purificar su alma y saldar las deudas kármicas le alinea con un propósito más elevado y le permite vivir en armonía con el universo. No siempre es un viaje fácil, y ocurrirán contratiempos, pero con dedicación, paciencia y perseverancia, puede transformarse e impactar positivamente en el mundo. Recuerde que el poder de limpiar su alma y su karma reside en su interior. Nunca es demasiado tarde para empezar. Así que, de el primer paso hoy, y comience su viaje hacia un futuro más brillante.

Capítulo 4: Limpiando tu espacio y el de los demás

Las energías e influencias del pasado se adhieren a personas y lugares. Por ejemplo, si se peleó con su cónyuge en el salón, el espacio se llenará de negatividad que no desaparecerá hasta que realice un ritual de limpieza. Por esta razón, la gente suele purificar sus casas después de un divorcio, una mala ruptura o problemas financieros para eliminar el impacto de estas experiencias negativas. Limpiar una zona es similar a pulsar un botón de reinicio, devolviéndola a su alta frecuencia original antes de que la energía negativa afecte a su vibración.

Limpiar su espacio despejará la energía negativa que lo rodea⁴

Limpiar su casa es necesario antes de realizar un trabajo espiritual o energético. Incluso si no ha experimentado negatividad, debería limpiar el lugar al menos una vez a la semana porque nunca se sabe qué vibraciones negativas ha traído usted o los miembros de su familia recientemente. Limpiar la energía negativa libera espacio para que las vibraciones positivas entren en su casa y en su vida.

Es similar a contraer la gripe. Cuando se recupera, suele lavar la ropa y darse una ducha para eliminar los gérmenes. Abre las ventanas para limpiar su casa de vibraciones enfermizas y dejar que fluya la energía. Después, se siente más ligero y mejor. Lo mismo ocurre cuando limpia una habitación. Sentirá que las vibraciones del espacio cambian y afectan a su estado de ánimo.

Como las personas y los objetos vibran en frecuencias diferentes, las vibraciones bajas suelen elevarse ligeramente para encontrarse con las frecuencias altas. Sin embargo, las vibraciones altas descienden para que ambas puedan encontrarse en el medio. Por ejemplo, si trae un cristal a un espacio sucio, la frecuencia de la zona aumentará, pero la vibración del cristal bajará para adaptarse a la energía circundante.

Mantenga su espacio protegido realizando constantemente rituales de purificación, especialmente después de tener invitados, para limpiar el impacto de su energía. La limpieza regular facilita la eliminación de vibraciones no deseadas antes de que causen daños graves.

Si desea aumentar la protección en torno a un espacio concreto, asegúrese de que está libre de energía negativa persistente. Puede saber que una habitación tiene baja vibración desde el momento en que entra porque se sentirá incómodo o tenso inmediatamente. Compruebe la energía del lugar antes de empezar a trabajar, aunque lo haya limpiado recientemente. Su cónyuge o un miembro de la familia podría haber tenido una discusión en casa y haber bajado su vibración.

La energía negativa en su hogar

Probablemente se pregunte si su casa tiene energía negativa o no. A menudo, puede sentir estas vibraciones en la habitación, pero, si está estresado o ansioso, puede ser difícil separar sus emociones negativas de las vibraciones de la casa. Sin embargo, hay ciertas señales que indican que la energía negativa de su casa le está afectando a usted y a su familia.

Malas relaciones

Fíjese en las relaciones de cada uno en casa. ¿Discute constantemente con su cónyuge? ¿Sus hijos se pelean siempre? ¿Siente que la relación con su familia es tensa? Esto podría generar vibraciones negativas en su hogar.

Quejas constantes

No se puede negar que la vida es estresante, y puede que de vez en cuando se queje de su trabajo, de su terrible jefe o del tráfico. Sin embargo, si usted y su familia se quejan constantemente (incluso cuando las cosas van bien) y no pueden encontrar lo bueno en la vida, su hogar necesita una limpieza.

Culpa excesiva

Si todo el mundo en su casa está siempre culpándose y criticándose y se niega a asumir la responsabilidad de sus acciones, esto podría ser el impacto de las vibraciones negativas.

Desorden

El desorden no sólo disminuye sus vibraciones, sino que también esparce energía negativa por su casa. Los muebles amontonados y el desorden pueden crear un ambiente caótico. Los muebles deben estar colocados de forma que la energía fluya fácilmente por la casa,

Limpiar un espacio es muy sencillo. Puede hacer muchos rituales semanales o diarios que no le llevarán mucho tiempo ni esfuerzo.

Este capítulo cubre varios rituales para purificar su casa, altar u otros espacios.

Despejar y limpiar su hogar

Retire todos los objetos que no necesite y pase la aspiradora para quitar el polvo de todos los rincones de su casa. No guarde objetos rotos, como un jarrón agrietado, porque invitan a las vibraciones negativas. Después de ordenar, limpie la casa con esta solución purificadora que puede preparar fácilmente en casa.

Ingredientes:

- 1 taza de sal marina
- 5 limones
- ¼ taza de vinagre blanco

Instrucciones:

1. Llene un cubo de agua, añada la sal marina y el vinagre blanco y, a continuación, exprima los limones.
2. Con una toalla, limpie la ventana, los marcos, las puertas y los pomos.

Construya un altar

Los altares son el lugar perfecto para el trabajo espiritual, pero también pueden liberar energía negativa o invitar a la positiva.

Instrucciones:

1. Coloque el altar en el espacio donde realizará su trabajo espiritual.
2. Establezca una intención para el altar, como invitar energía positiva a su hogar.
3. Limpie la zona, quitando el polvo y despejando el espacio.
4. Coloque varios objetos que simbolicen la protección, la abundancia, la buena salud, la buena fortuna y la prosperidad. En otras palabras, añada objetos que representen la energía que desea en su hogar.
5. Añada cristales, flores, cuadros, estatuas, velas, incienso u otros objetos que le aporten bienestar y felicidad.
6. Organice todos los objetos de su altar y evite desordenar el espacio que lo rodea.

Ritual del sahumerio nº 1

La quema de hierbas es uno de los rituales de limpieza más antiguos. Los nativos americanos lo utilizaron durante siglos para limpiarse y limpiar sus hogares de energía negativa. La receta de este ritual incluye múltiples hierbas secas, pero puede utilizar sólo un par si lo prefiere.

Ingredientes:

- Albahaca.
- Conos de pino.
- Clavo.
- Lavanda.
- Romero.

- Enebro.
- Hierba dulce.
- Cedro.
- Palo santo.
- Salvia de jardín.
- Salvia blanca.

Instrucciones:

1. Abra las ventanas de la casa para que escape la energía negativa.
2. Establezca una intención de lo que espera conseguir con este ritual, como limpiar su casa de vibraciones negativas, o piense en mantras y afirmaciones, como *"Estoy limpiando esta habitación de energía negativa para liberar espacio para el amor y la luz"*.
3. Envuelva las hierbas en un manojo y enciéndalas por un extremo hasta que suelten humo.
4. Abanique suavemente el humo con la mano y muévase en el sentido de las agujas del reloj por la habitación para limpiar el espacio deseado mientras repite la intención.

Ritual del sahumerio nº 2

Ingredientes y utensilios:

- Salvia con sangre de dragón o salvia blanca.
- Una vela.
- Incienso (elija su aroma favorito).
- Un plato de cerámica para el incienso.
- Aceite esencial de hierba dulce.

Instrucciones:

1. Organice y despeje el espacio antes de empezar el ritual y abra las ventanas.
2. Queme la salvia y muévase en el sentido de las agujas del reloj por la habitación mientras piensa en las vibraciones positivas de las que quiere rodeare y en lo que piensa hacer con el espacio limpio.

3. Ponga la salvia en un plato, colóquelo en el centro de su casa y deje que arda.

4. Ahora habrá liberado la energía negativa y liberado espacio para dar la bienvenida a las vibraciones positivas.

5. La hierba dulce puede atraer energía positiva, así que aplique de 10 a 20 gotas de aceite esencial de hierba dulce en un difusor. Es más eficaz utilizarlo directamente después de la salvia.

Ritual de pulverización

Ingredientes y utensilios:
- Aceites esenciales (utilice los aceites que prefiera).
- Alcohol puro.
- Agua destilada.
- Botella pulverizadora (de cristal o plástico).

Instrucciones:
1. Vierta 50 ml. de agua en un vaso vacío y añada 20 gotas de aceites esenciales.
2. Mezcle el alcohol con el agua.
3. Vierta la mezcla en un difusor o en un pulverizador y rocíe la habitación que desee limpiar mientras repite su intención.

Ritual de quemado

Utensilios:
- Papel.
- Bolígrafo.
- Vela.
- Cristal.
- Canela en rama.

Instrucciones:
1. Escriba lo que espera conseguir de este ritual de limpieza en el trozo de papel, dóblelo y colóquelo frente a usted.
2. Encienda la vela y úsela para encender la canela en rama.

3. Coloque la rama de canela y el cristal en la zona que desea limpiar y déjelos durante unos minutos (no pierda de vista la rama de canela porque puede suponer un peligro de incendio).

4. Queme el trozo de papel en la vela.

Ritual de la sal

En algunas culturas, la sal simboliza la pureza y puede limpiar una zona de energía negativa y elevar sus vibraciones.

Ingredientes:

- Sal.

Instrucciones:

1. Vierta una pequeña cantidad de sal en un cuenco y colóquelo en la puerta de entrada para evitar que la energía negativa entre en su casa.

2. Retire los objetos de la zona que quiera limpiar, quite el polvo de las esquinas y esparza la sal por la habitación.

3. Asegúrese de que la sal permanece intacta durante un par de días, así que mantenga a los niños y a las mascotas alejados de la habitación.

Ritual del diapasón

Las culturas antiguas utilizaban el poder del sonido y la música para curar distintas dolencias. En la antigua Grecia, los médicos utilizaban cuencos tibetanos, instrumentos y vibraciones como terapia de sonido para tratar el insomnio. Ciertas frecuencias sonoras pueden limpiar el aire de la energía negativa causada por el estrés y la tensión.

Utensilios:

- Diapasón.

Instrucciones:

1. Siéntese en una posición cómoda.

2. Establezca la intención de limpiar su zona y renovar la energía.

3. Golpee suavemente el diapasón contra una mesa o un espacio sólido.

4. Cierre los ojos y sienta cómo el sonido vibra en todas las zonas de la habitación.

5. Repita el proceso hasta que sienta que las vibraciones de la habitación aumentan.

Ritual de la campana

Puesto que el sonido puede ser un arma eficaz contra la energía negativa, puede utilizar otros métodos como tocar una campana. Toque una campana en distintas habitaciones de su casa y la vibración se extenderá por toda la casa, liberando la energía negativa.

Ritual de visualización

Instrucciones:

1. Siéntese en una habitación tranquila, sin distracciones, y relaje el cuerpo y la mente.
2. Cierre los ojos y respire profunda y lentamente.
3. Imagine una bola de luz dorada flotando junto a su corazón.
4. La luz se expande con cada respiración hasta salir de su cuerpo.
5. Esparza la luz por la zona que desea limpiar mientras establece una intención.
6. Cuando haya terminado, abra lentamente los ojos y exprese su gratitud.

Ritual del limón

¿Se ha preguntado alguna vez por qué muchos productos de limpieza contienen limón como ingrediente principal? El aroma del limón levanta el ánimo y puede alterar la energía de la habitación.

Sugerencias:

- Ponga 20 gotas de aceite esencial de limón en un difusor y colóquelo en la habitación que quiera limpiar.
- Corte limones en rodajas y colóquelos en varios cuencos en distintos rincones de la casa.
- Hierva a fuego lento cáscaras de limón y deje que el vapor llene la casa.

Ritual del agua

Ingredientes:
- Agua
- Agua de azahar, agua de rosas o su aceite esencial favorito.

Instrucciones:
1. Vierta agua filtrada en un cubo y añada de 2 a 5 gotas de aceite esencial, agua de rosas o agua de azahar.
2. Añada jabón limpiador al cubo y limpie el suelo, las ventanas y la puerta principal.

Ritual Reiki

No necesita un practicante para este ritual; puede hacerlo usted mismo en casa.

Instrucciones:
1. Siéntese en una postura cómoda y cierre los ojos.
2. Respire profundamente y concéntrese en su respiración.
3. Visualice una luz blanca sanadora que fluya desde la cabeza, luego hacia el cuerpo y salga por las manos.
4. Sienta el poder curativo en su interior, llenándole de energía amorosa y positiva.
5. Libere esta energía curativa a través de sus manos hacia la habitación.
6. Cuando termine, exprese su gratitud por la energía curativa.

Ritual de cristales

Utensilios:
- Cuarzo ahumado.
- Ónix.
- Turmalina negra.

Instrucciones:
1. Coloque estos cristales en la habitación o espacio que desee limpiar y déjelos durante unos días.

2. Después, limpie los cristales de la energía negativa dejándolos toda la noche bajo la luz de la luna.

Ventanas abiertas

El aire fresco puede eliminar la energía negativa de su casa y sustituirla por vibraciones positivas. Abra todas las ventanas y deje que el aire fresco llene el lugar. Puede encender los ventiladores para que circule el aire y abrir los cajones y armarios para liberar la energía estancada.

Pintar las paredes

Mire las paredes de su casa. Si los colores son oscuros o apagados y le hacen sentir estresado o deprimido, es hora de hacer algo de interiorismo. Vuelva a pintar las paredes de un color vivo o coloque un papel pintado interesante. Puede añadir arte mural y otros elementos decorativos para animar el lugar y liberar las vibraciones negativas.

Limpiar a sus hijos

No hay nadie a quien quiera más que a sus hijos y quiere protegerlos de todo mal. Es difícil para un padre creer que su hijo está expuesto a energía negativa. Sin embargo, los niños pueden experimentar estrés, ansiedad y vibraciones tóxicas a diario. Aunque no pueda protegerlos del mundo, puede evitar que la negatividad arruine sus vidas. Ciertas técnicas pueden limpiar a su pequeño de la energía negativa.

Visualización

Ha aprendido que la visualización es una técnica poderosa contra la energía negativa. Al igual que utiliza este método para elevar su vibración y purificar su hogar, puede utilizarlo para limpiar a su hijo de la energía negativa. Sin embargo, ellos no pueden hacer esta técnica por sí mismos, así que usted debe hacerla por ellos.

Instrucciones:

1. Siéntese en una habitación tranquila, en una postura cómoda y cierre los ojos.
2. Visualice una luz blanca protectora que envuelva a su hijo.
3. Dedique unos minutos a concentrarse en esta imagen, abra lentamente los ojos y exprese su gratitud.

Flujo espinal

Realice esta técnica con su hijo después de que haya estado expuesto a situaciones o personas negativas.

Instrucciones:
1. Coloque la mano en la parte superior de la columna vertebral del niño, entre los hombros y el cuello.
2. Mueva la mano lenta y suavemente hacia abajo, hasta el cóccix, y luego hacia arriba.
3. Dígale que respire profundamente mientras usted mueve la mano.
4. Repita este movimiento seis veces.

Ahora, enseñe a su hijo a proteger su energía o a "cerrar la cremallera".
1. Coloque su mano en el centro del torso delantero de su hijo.
2. Imagine que lleva un chaleco con una cremallera que le llega hasta la barbilla.
3. Con la mano, haga como si subiera la cremallera del chaleco indivisible desde abajo hacia arriba.
4. Repita el movimiento cuatro veces.

Enseñe a su hijo a hacer el movimiento de "subirse la cremallera". Es un ejercicio sencillo y divertido que disfrutarán haciendo a lo largo del día para contener su energía.

Pequeña cura del carbón

Este método funciona para un bebé o un niño pequeño. La energía negativa puede afectar a los recién nacidos. Si ha tenido invitados recientemente, sus vibraciones negativas podrían contagiarse a su bebé, causándole irritabilidad, llanto constante y náuseas. La cura del carbón es un tratamiento eficaz para proteger a su bebé contra la energía negativa.

Ingredientes y utensilios:
- Agua fría con 5 cubitos de hielo.
- 9 cerillas clásicas.
- Un vaso alto.

Instrucciones:

1. Fije sus intenciones y repítalas en voz baja o simplemente piense en ellas. No las diga en voz alta; debe estar en silencio para que este método funcione.
2. Vierta el agua y los cubitos de hielo en el vaso alto.
3. Encienda cada cerilla sobre el vaso de agua y concéntrese en la llama.
4. Cuando se haya quemado la mitad de la cerilla, déjela caer en el agua.
5. Cuente cada cerilla y añada "no" antes del número, como no una, no dos, no tres, etc.
6. Si las cerillas quedan por encima del agua, a su hijo no le afecta la energía negativa. Si las cerillas caen al fondo del vaso, su hijo ha estado expuesto a malas vibraciones.
7. Rece una pequeña oración o afirmación para bendecir el agua y utilizar la cura para sanar a su hijo de la energía negativa.
8. Introduzca los dedos en el agua y páselos por la frente de su hijo.
9. Moje los dedos y frótelos suavemente a los lados de los ojos y en las sienes.
10. Sumerja los dedos en el agua y frótelos en el cuello para eliminar la negatividad.
11. De nuevo, moje los dedos y frote su brazo izquierdo empezando por el hombro hasta llegar a los dedos. Haga como si estuviera sacando la energía de su cuerpo.
12. Repita el paso anterior en la pierna derecha.
13. Meta los dedos y mueva la mano desde el vientre hasta el pie.
14. Vuelva a mojar los dedos y muévalos hacia abajo a lo largo de cada pierna y haga como si estuviera alejando las vibraciones negativas.
15. Vierta el agua restante fuera de su casa.
16. Puede practicar este ritual con niños de cualquier edad o con un ser querido, como sus padres o su cónyuge.

Proteger a sus mascotas

Sus hijos peludos también merecen protección. La energía negativa puede afectar a las mascotas, sobre todo si su casa tiene malas vibraciones. Los animales son más susceptibles a la negatividad que las personas, ya que están más sincronizados con el universo. Estos métodos pueden limpiarlos de la energía negativa y mantenerlos protegidos.

Practicar el reiki

Lleve a su mascota a un practicante de reiki, o puede hacerlo usted mismo usando el ritual de reiki mencionado anteriormente.

Utilizar cristales

Cuelgue cristales curativos en su collar, debajo de su cama o en el agua. Sin embargo, tenga cuidado, ya que sólo unos pocos cristales son seguros para poner en el agua, como el cuarzo transparente, el cuarzo ahumado o el cuarzo rosa. No ponga piedras pequeñas; su mascota se las tragará, así que opte por las grandes.

Coloque símbolos espirituales a su mascota

Coloque un símbolo espiritual en el collar de su mascota, como el mal de ojo, el símbolo OM o la Mano Hamsa, para protegerla contra la energía negativa.

Visualización

Emplee la misma técnica de visualización que utilizó con su hijo para limpiar a su mascota.

Puede proteger su casa, sus hijos, sus mascotas y sus seres queridos del impacto de la energía negativa. Los rituales no tienen por qué ser complicados y complejos para limpiar su hogar. Repita con regularidad estos sencillos y fáciles rituales para mantener su casa y su familia a salvo.

Capítulo 5: Después de la limpieza: La curación del aura

Ha aprendido a limpiar su energía psíquica y los espacios que le rodean de la contaminación negativa. A medida que trabaje con las técnicas, notará una increíble ligereza y claridad dentro de su alma al despojarla de capas de negatividad. Sin embargo, hay otro aspecto a tener en cuenta: su aura. Imagine su alma como un espejo recién limpiado y pulido que refleja la versión más pura de sí mismo. Refleja su estado cuando ha limpiado y purificado su energía psíquica.

Las auras son campos de energía que rodean el cuerpo físico[5]

Pero, cuando vuelva al mundo, pronto se dará cuenta de que el espejo no es tan puro como pensaba. Está rodeado de una neblina de polvo, arañazos y manchas. Lo mismo ocurre con su aura. Aunque haya limpiado su energía, su aura todavía puede estar contaminada por la energía negativa y las experiencias por las que ha pasado. Cada mota de polvo y arañazo en la superficie representa una emoción, experiencia o pensamiento que le ha impactado. Estas huellas pueden distorsionar el reflejo de su alma y dificultar la conexión con su verdadero yo.

El concepto de aura se suele tachar de pseudociencia, pero ha estado presente en varias culturas a lo largo de la historia. El aura puede definirse como un campo de energía sutil que rodea e impregna el cuerpo físico y contiene información sobre su estado físico, emocional y espiritual. Está conectada con el alma y se ve afectada por pensamientos, emociones y experiencias. Aunque intangible, puede afectar profundamente a su bienestar y a su capacidad para desenvolverse en el mundo que le rodea.

Su aura es un escudo protector que absorbe y filtra las energías de su entorno. Como cualquier escudo, tiende a desgastarse con el tiempo, dejándole vulnerable a ataques dañinos. Si su aura no está energizada y limpia, las energías negativas pueden filtrarse a través de las grietas de su escudo protector y debilitar su aura, haciéndole más susceptible al daño. Esta aura dañada puede manifestarse como desequilibrios físicos, emocionales y mentales si no se controla. Por consiguiente, es imperativo prestar a su aura la atención y el cuidado que requiere.

Cuando limpia, sana y fortalece su aura, en última instancia mejora su capacidad para navegar por el mundo y conectar mejor con su yo psíquico. Pero, la pregunta es, ¿por dónde empezar? Este capítulo proporciona una guía completa para limpiar y sanar su aura del daño que se le ha infligido. Puede utilizar varias técnicas, como la limpieza con sahumerios, la sanación con cristales o los baños de sal. Aprenderá a restaurar el equilibrio de su aura, eliminar las energías negativas remanentes y revitalizar su aura psíquica. Además, comprenderá la relación entre un aura sanada y la protección psíquica y cómo un aura fuerte puede potenciar su crecimiento espiritual.

¿Qué es el aura?

El aura es un campo de energía sutil que rodea e impregna el cuerpo físico. A menudo se describe como un campo luminoso de color que ven o sienten las personas sensibles. El propósito del aura es multifacético y ha sido estudiado por varias tradiciones espirituales y sanadores energéticos. Una de las principales funciones del aura es proteger el cuerpo físico de las energías negativas externas. El aura actúa como un escudo que absorbe y filtra las energías negativas antes de que puedan entrar en el cuerpo. Por ello, muchos sanadores energéticos recomiendan a la gente que tome medidas para proteger su aura, como llevar cristales protectores, practicar la meditación o evitar a las personas o entornos negativos.

Otra función del aura es reflejar el estado del cuerpo, la mente y el alma. Los colores, texturas y patrones del aura pueden cambiar en función del estado emocional, la salud física y el bienestar espiritual de una persona. Los sanadores energéticos utilizan esta información para diagnosticar y tratar los desequilibrios del campo energético de una persona. El aura es también un conducto para la energía y la comunicación espirituales. El aura está conectada con los reinos espirituales y puede actuar como puente entre el mundo físico y los planos superiores de la existencia. Mediante prácticas como la meditación, la oración o la sanación energética, las personas pueden abrir y activar su aura para recibir guía divina, sanación e inspiración.

Cómo se relaciona el aura con el alma

El alma suele describirse como la esencia de una persona. Es la parte que trasciende el cuerpo físico y existe más allá de los límites del tiempo y el espacio. En cambio, el aura es la contrapartida energética del cuerpo físico y está estrechamente relacionada con el alma. El aura es una extensión del alma, que refleja sus cualidades y características. Los colores y patrones del aura pueden revelar aspectos de la naturaleza espiritual de una persona, como su nivel de conciencia, sus fortalezas y debilidades internas y su conexión con lo divino.

El aura está íntimamente relacionada con el sistema de chakras, una serie de centros energéticos situados a lo largo de la columna vertebral. Cada chakra corresponde a un aspecto diferente del cuerpo, la mente y el alma e influye en las cualidades del aura asociadas a esa zona. Por ejemplo, el chakra del corazón se asocia con el amor, la compasión y la conexión con los demás, e influye en el color y la textura del aura de esa zona. El chakra de la coronilla se asocia con la conexión espiritual, la iluminación y la trascendencia, e influye en las capas superiores del aura.

Las diferentes capas del aura

A menudo se dice que el aura tiene múltiples capas con características y funciones únicas. Aunque diferentes tradiciones y sanadores energéticos utilizan terminología o descripciones ligeramente diferentes para estas capas, en general se considera que el aura tiene siete capas principales.

1. **La capa física:** Esta capa es la más cercana al cuerpo físico y se asocia principalmente con las sensaciones físicas. Se ve como una banda de luz que rodea el cuerpo y se extiende desde unos dos centímetros hasta varios metros más allá de la piel.

2. **La capa emocional:** Esta capa está asociada con las emociones y los sentimientos y puede verse como una nube de color que rodea el cuerpo. Dependiendo del estado emocional de la persona, los colores de la capa pueden cambiar rápidamente.

3. **La capa mental:** Esta capa está asociada a los pensamientos, ideas y creencias y se ve como una red de líneas o patrones de luz que rodean el cuerpo.

4. **La capa astral:** Esta capa está asociada con el reino astral o espiritual y se ve como una bruma o niebla que rodea el cuerpo. Es el puente entre los reinos físico y espiritual y, a menudo, el foco de la proyección astral o de las experiencias extracorpóreas.

5. **La capa etérica:** Esta capa está asociada con la vitalidad y la energía vital y se ve como una red o matriz de luz que rodea el cuerpo. A menudo se describe como el plano del cuerpo físico e influye en la salud física y el bienestar de una persona.

6. **La capa celestial:** Esta capa se asocia con la conciencia superior y la conexión espiritual y se ve como una luz brillante que rodea el cuerpo. A menudo se describe como la puerta de entrada a lo divino y es el centro de muchas prácticas espirituales y meditaciones.

7. **La capa ketérica:** Esta capa se asocia con los niveles más elevados de conciencia e iluminación espiritual y se ve como una luz brillante y dorada que rodea el cuerpo. Es la fuente de toda energía espiritual y el objetivo último de muchas prácticas y caminos espirituales.

Cada capa del aura tiene cualidades y funciones únicas. Sin embargo, todas están interconectadas y se influyen mutuamente. Las personas pueden mejorar su crecimiento espiritual y conectar más profundamente con su yo más íntimo y con lo divino purificando y activando cada capa del aura.

¿Qué puede dañar el aura?

El aura es un campo de energía sutil que interactúa constantemente con el entorno y en el que influyen numerosos factores. Aunque el aura está diseñada para proteger el cuerpo físico de las energías negativas externas, hay varias cosas que pueden dañarla o debilitarla, como las emociones y experiencias negativas, la exposición a energías nocivas y la falta de autocuidado.

1. Emociones y experiencias negativas

Las emociones y experiencias negativas afectan significativamente al aura. Cuando una persona experimenta emociones fuertes, como miedo, ira o tristeza, el aura puede nublarse o decolorarse, reflejando la energía negativa generada. Con el tiempo, la exposición repetida a emociones negativas puede debilitar o dañar el aura, haciéndola más vulnerable a las energías negativas externas. Además de las emociones negativas, las experiencias negativas, como los traumas o los abusos, pueden afectar profundamente al aura. Las experiencias traumáticas pueden dejar huellas energéticas en el aura, provocando síntomas emocionales y físicos persistentes. Estas huellas pueden ser difíciles de borrar y requerir la ayuda de un sanador o terapeuta energético.

2. Exposición a energías nocivas

La exposición a energías nocivas puede dañar el aura. Las energías nocivas pueden proceder de diversas fuentes, como la radiación electromagnética de los dispositivos electrónicos, el estrés geomático de las venas de agua subterráneas o de las fallas geológicas, y las energías negativas de las personas o del entorno. La radiación electromagnética de los aparatos electrónicos, como ordenadores, teléfonos móviles y televisores, puede alterar el campo energético del aura, debilitándolo o desequilibrándolo. El estrés geomático, causado por la radiación natural de la tierra, puede afectar negativamente al aura.

Las energías negativas de personas o entornos pueden dañar el aura. Estar cerca de personas negativas o en entornos negativos puede hacer que el aura se nuble o se decolore, reflejando la energía negativa. Es importante ser consciente de las personas y los entornos que le rodean y tomar medidas para proteger su aura.

3. Falta de autocuidado

La falta de cuidado personal también puede dañar el aura. Descuidar las necesidades físicas, emocionales y espirituales puede debilitar o desequilibrar el aura. Esto incluye no dormir lo suficiente, no seguir una dieta sana, no hacer ejercicio con regularidad o no practicar actividades de autocuidado, como la meditación o el yoga. Descuidar las necesidades emocionales y espirituales puede afectar negativamente al aura. Por lo tanto, es esencial abordar los desequilibrios emocionales o espirituales que pueda estar experimentando y tomar medidas para sanar y fortalecer el campo energético. Los métodos de curación pueden incluir trabajar con un sanador energético o un terapeuta, participar en prácticas espirituales como la meditación o la oración, o cultivar relaciones y entornos positivos.

¿Cómo saber si su aura necesita curación?

El aura es un campo de energía en constante evolución que puede debilitarse o dañarse con el tiempo. Es vital conocer los signos y síntomas de un aura dañada y cultivar la autoconciencia y la intuición para saber cuándo necesita sanarse. Existen varios métodos, como las lecturas energéticas y la fotografía del aura, que proporcionan información adicional sobre el estado del aura.

Signos y síntomas de un aura dañada

Varios signos y síntomas pueden indicar que su aura está dañada o necesita curación. Estos incluyen:

- Sentirse emocionalmente agotado o abrumado.
- Experimentar síntomas físicos como fatiga, dolores de cabeza o problemas digestivos.
- Sentirse desconectado del cuerpo o del entorno.
- Ser demasiado sensible a las emociones o la energía de otras personas.
- Sentirse ansioso, deprimido o malhumorado.
- Dificultad para dormir o sueños intensos.
- Sensación de pesadez o presión alrededor de la cabeza o los hombros.
- Sentirse espiritualmente bloqueado o atascado.

Otros factores, como una enfermedad física o el estrés, podrían causar estos síntomas. Sin embargo, supongamos que experimenta síntomas persistentes o inexplicables. En ese caso, merece la pena explorar si su aura contribuye a su salud y bienestar general.

Autoconocimiento e intuición

La autoconciencia y la intuición son herramientas importantes para evaluar el estado del aura. Practicando la autorreflexión y la atención plena se puede estar más en sintonía con el campo energético e identificar mejor cuando algo se siente "raro". Prestar atención a la intuición y escuchar la voz interior proporciona información valiosa sobre el estado del aura y sobre si requiere curación.

Lecturas energéticas y fotografía del aura

Las lecturas energéticas y la fotografía del aura son herramientas útiles para aquellos interesados en métodos más objetivos de evaluar su aura. Las lecturas energéticas requieren trabajar con un sanador o profesional de la energía para evaluar el aura mediante diversas técnicas, como el escaneo, la evaluación de los chakras o las pruebas musculares. La fotografía del aura utiliza cámaras especializadas para capturar imágenes del aura y proporcionar una visión visual del estado de su campo energético.

Maneras de curar un aura dañada

Si ha detectado que su aura podría estar dañada o necesita curación, existen varios métodos para ayudar a restablecer el equilibrio y la vitalidad de su campo energético. Estos métodos incluyen técnicas de limpieza del aura, modalidades de curación energética, cambios en el estilo de vida y prácticas de autocuidado.

Técnicas de limpieza del aura

Las técnicas de limpieza del aura eliminan la energía negativa y los bloqueos del aura, permitiéndole funcionar de forma óptima. Algunas técnicas populares de limpieza del aura son:

- **Sahumerio:** Consiste en quemar hierbas como la salvia o el palo santo para eliminar la energía negativa del aura y del espacio físico.

- **Baños de sal:** Sumergirse en un baño con sales de Epsom o sal del Himalaya puede ayudar a eliminar la energía negativa y favorecer la relajación.
- **Curación con cristales:** Ciertos cristales, como el cuarzo claro o la amatista, pueden absorber la energía negativa y favorecer la curación del aura.
- **Reiki:** El reiki es una curación energética en la que el practicante canaliza energía curativa hacia el receptor para equilibrar y limpiar el aura.
- **Sanación por el sonido:** El sonido curativo utiliza frecuencias y vibraciones específicas, como los cuencos tibetanos o los diapasones, para favorecer la curación del aura.
- **Baños de hierbas:** Sumergirse en un baño con infusión de hierbas como la lavanda o la manzanilla puede favorecer la relajación y liberar la energía negativa del aura. Diferentes hierbas tienen diferentes propiedades que pueden afectar específicamente el aura.
- **Esencias florales:** Las esencias florales son diluciones de extractos de flores con propiedades energéticas que afectan al aura. Estas esencias pueden tomarse por vía oral o aplicarse tópicamente para promover la curación y el equilibrio del aura.

Modalidades de curación energética

Las modalidades de curación energética promueven la curación y el equilibrio de los sistemas energéticos del cuerpo, incluida el aura. Algunas modalidades populares de curación energética incluyen:

- **Acupuntura:** La acupuntura consiste en insertar agujas finas en puntos específicos del cuerpo para favorecer el equilibrio y la curación del campo energético.
- **Reflexología:** La reflexología es la aplicación de presión en puntos específicos de los pies, las manos y las orejas para promover la curación y el equilibrio en el campo energético.
- **Sanación de los chakras:** La curación de los chakras trabaja con los centros de energía del cuerpo (chakras) para promover el equilibrio y la curación en el aura.

- **Qigong:** El Qigong es una práctica china que utiliza movimientos lentos y suaves, técnicas de respiración y meditación para promover el equilibrio y la curación en el campo energético.

- **Sanación pránica:** La sanación pránica utiliza los centros energéticos del cuerpo para eliminar bloqueos y promover el equilibrio y la curación en el campo energético.

- **Terapia de polaridad:** La terapia de polaridad equilibra el campo energético del cuerpo mediante el tacto, el movimiento y técnicas de comunicación. Esta modalidad se basa en la idea de que los pensamientos, las emociones y las experiencias físicas afectan al campo energético del cuerpo.

- **Acceso a la conciencia:** Este método utiliza diversas herramientas y técnicas, incluidos procesos verbales, trabajo corporal y limpieza energética, para ayudar a las personas a acceder a su sabiduría interior y crear cambios positivos en su vida. Entre las herramientas más conocidas están "Las Barras", que tocan puntos específicos de la cabeza para liberar bloqueos energéticos y favorecer la relajación.

Cambios en el estilo de vida y prácticas de autocuidado

Los cambios en el estilo de vida y las prácticas de autocuidado consisten en tomar decisiones conscientes para favorecer la salud y el bienestar de su campo energético. Algunas de las prácticas más eficaces son:

- **Meditación:** La meditación consiste en sentarse en silencio y concentrarse en la respiración o en un objeto concreto para favorecer la relajación y el equilibrio del campo energético. La meditación regular puede ayudar a reducir el estrés y promover el bienestar general.

- **Ejercicio:** El ejercicio es una parte importante del mantenimiento de un campo energético saludable. La actividad física puede ayudar a reducir el estrés, aumentar la circulación y promover el bienestar general.

- **Dieta sana:** Llevar una dieta equilibrada y nutritiva puede ayudar a mantener la salud de su campo energético proporcionándole nutrientes esenciales y promoviendo el bienestar general.

- **Afirmaciones positivas:** Las afirmaciones positivas consisten en repetirse a uno mismo afirmaciones positivas para fomentar la autoconversación positiva y el bienestar emocional.
- **Establecer límites:** Poner límites es establecer límites claros consigo mismo y con los demás para proteger su energía y promover el bienestar.

Cómo mantener un aura fuerte

Mantener un aura fuerte es esencial para la salud y el bienestar general. Al igual que cuida su cuerpo físico con ejercicio, alimentación sana y descanso, debe cuidar su campo energético para promover una salud óptima. He aquí algunas formas creativas y eficaces de mantener el aura fuerte y vibrante:

- **Blindaje:** Blindarse es visualizar un escudo protector alrededor de su campo de energía para mantener la energía negativa fuera y proteger su aura. Puede imaginar el escudo como una burbuja o un campo de fuerza que rodea y protege su campo energético.
- **Conexión a tierra:** El enraizamiento consiste en conectar con la tierra para fomentar el equilibrio y la estabilidad de su campo energético. Visualice raíces que crecen desde sus pies hacia la tierra o pase tiempo en la naturaleza, como caminar descalzo por el suelo.
- **Visualizaciones:** Las visualizaciones utilizan su imaginación para crear una imagen positiva y protectora en su mente. Por ejemplo, visualícese rodeado de una luz blanca que protege su campo energético o rodeado de un grupo de personas positivas que le apoyan.
- **Terapia del color:** La terapia del color utiliza colores específicos para promover el equilibrio y la curación del campo energético. Por ejemplo, vestirse o rodearse del color verde puede favorecer el equilibrio y la armonía, mientras que el azul puede favorecer la calma y la comunicación.
- **Feng shui:** Crear un espacio armonioso y equilibrado mediante el feng shui puede ayudar a promover un aura fuerte. Consiste

en organizar el espacio para favorecer el flujo de energía y el equilibrio.

Mediante la incorporación de estas técnicas eficaces en su rutina diaria, puede mantener un aura fuerte y saludable para apoyar su bienestar físico, emocional y espiritual.

Se han descrito varios métodos para curar y mantener el aura. Hay muchos más disponibles en Internet o en tiendas de salud.

Sanar su aura es una parte esencial para mantener el bienestar general y fortalecer la protección psíquica. Comprendiendo qué es el aura, qué puede dañarla y cómo curarla, puede controlar su estado energético y mejorar su crecimiento espiritual. Incorporar prácticas regulares de mantenimiento del aura y técnicas de protección puede ayudarle a mantener un aura fuerte y a navegar por el mundo con mayor facilidad y confianza.

Capítulo 6: Invocando la protección de los ángeles

Los seres angélicos han asistido a los humanos durante miles de años y están más que dispuestos a guiar y ayudar cuando se enfrentan a un obstáculo o una situación difícil. Este capítulo explica cómo los ángeles o arcángeles pueden protegerle, a su espacio y a sus seres queridos contra los ataques psíquicos. Aprenderá que los ángeles son seres bendecidos con inmensos poderes. Se les puede invocar para que trabajen en su favor, le guíen por la vida y le envuelvan con energías protectoras. Son criaturas espirituales con muchas formas. Sin embargo, no están ligados a una presencia física, por lo que no aparecerán en su forma natural. Los ángeles tienen diferentes propósitos y jurisdicciones. Por ejemplo, los arcángeles tienen la especialidad que gobiernan y pueden ser convocados para resolver asuntos específicos. Son líderes entre los ángeles y tienen una inmensa firma energética. Aunque las personas suelen ser más sensibles a la energía de su ángel de la guarda, se puede sentir un cambio energético en la habitación cuando aparece un arcángel. Los ángeles de la guarda le guían por la vida desde el nacimiento, señalándole caminos y propósitos y ayudándole a curarse de traumas pasados. Acuden en su ayuda cuando la necesita o dirigen sus mensajes a su ángel de la guarda o arcángeles.

Los ángeles de la guarda le guían a lo largo de su vida⁶

Los ángeles guardianes son responsables de su crecimiento espiritual y le protegen en el viaje de su vida. A diferencia de los arcángeles, que trabajan con todo el mundo, los guardianes trabajan exclusivamente con las personas a su cargo. Su ángel de la guarda tiene un vínculo único y le proporciona amor y apoyo incondicionales, y todo lo que pueda necesitar para elevar sus defensas psíquicas. Aunque no interferirán en sus decisiones conscientes, se les puede llamar, lo que es estupendo si necesita una inyección de energía urgente para alejar las vibraciones negativas.

Puede llamar a un ángel cuando luche por mantener alejadas las energías negativas o tema los ataques psíquicos entrantes. Sin embargo, su ángel de la guarda es el más cercano a usted y puede absorber sus emociones y vibraciones, por lo que sabrá que lo necesita antes que usted. Sentirá la presencia de su ángel de la guarda en momentos de desesperación o estrés causados por influencias espirituales negativas. Puede que le envíe un mensaje sutil para llamar su atención y ayudarle a abrazar sus poderes protectores.

Los ángeles de la guarda no son sólo para los momentos difíciles. Puede recurrir a ellos siempre que necesite apoyo y protección psíquica. Puede ayudarle a mantener su energía y protegerle cuando se adentra en territorios desconocidos, como cuando se reúne con personas que no conoce (por lo que desconoce sus intenciones y emociones).

Aunque los ángeles (sobre todo los guardianes) están deseando aceptar la invitación a entrar en su vida, conectar con ellos es un proceso muy personal. Puede invocarlos como desee. Puede invocar a un ángel o a varios, ya que a veces la protección psíquica requiere varias capas de poderes angélicos.

Invocando la protección de los ángeles

Una oración sencilla y sincera es la forma más fácil de llamar a un ángel. Por ejemplo, puede decir:

"Gracias, (nombre del ángel que quiere invocar), por guiarme en esta situación. Agradezco tu guía y protección".

Cuando invoque a un ángel para que le proteja, recuerde que su espíritu le guía con la verdad más elevada. Llevan vibraciones increíblemente elevadas, independientemente del ángel que invoque. Merecen su gratitud, por lo que siempre es una gran idea comenzar dirigiéndose a ellos con un "gracias". También le recuerda que la ayuda angélica ya está en camino.

Cuando contacte por primera vez con su guardián, guía espiritual u otro ángel, primero debe presentarse. Aunque ya sepan quién es espiritualmente, no está de más ser educado y respetuoso. Invoque a su ángel de la guarda a través de una simple meditación.

Instrucciones:

1. Póngase cómodo en un lugar apartado, cierre los ojos y respire profunda y largamente.
2. Con la mente, llame a su ángel de la guarda, dele la bienvenida y pídale que le revele su nombre.
3. Utilice el método de relajación que prefiera. Utilice cualquier técnica que le ayude a centrarse y enfocarse en una intención específica.
4. Puede meditar durante el tiempo que desee. Puede escuchar el nombre de su tutor como un pensamiento o un sonido audible durante la meditación. O puede guiarle para que lo escriba en su diario.
5. Si no recibe un mensaje de su ángel de la guarda en su primera meditación, no se preocupe. Puede que aún no esté preparado para recibirlo, pero llegará. Probablemente llegará de forma inesperada, como en una canción o en una matrícula.

Hay otras formas de interactuar, trabajar con los ángeles y utilizar sus poderes protectores. A continuación, se indican algunas.

Conozca al ángel

El primer paso para aprovechar la energía de un ángel es conocerlo. He aquí cómo aprender más sobre el ángel con el que está trabajando:

1. Busque un lugar tranquilo (preferiblemente con una puerta que pueda cerrar para evitar las influencias energéticas de otras personas).
2. Siéntese cómodamente, cierre los ojos, relaje la mente y póngase en contacto con su intuición. Pídale a su intuición el nombre de ángeles que le ayuden en sus tareas actuales.
3. El nombre del ángel aparecerá en su mente. Si no lo hace, los ángeles le están dejando elegir con quién quiere trabajar. Incluso puede nombrar usted mismo al ángel.
4. Si le invitan a nombrar a un ángel, elija un nombre que le haga sentir protegido y querido cuando piense en él. Su nombre debe hacerle sentir cálido, en paz y sonreír.
5. Escriba el nombre del ángel que ha invocado para poder llamarlo cuando lo necesite.
6. Una vez tenga su nombre, diríjase al ángel, pregúntele cómo puede ayudarle, cómo le enviará señales y cómo sabrá que le protegerá. Ofrezca también pistas sobre cómo quiere que le protejan y contacten con usted.
7. Utilizar los nombres de los ángeles le ayudará a estar más conectado con ellos y hará que parezcan más reales y disponibles cuando necesite protección.

Pídales que le envíen una señal

A los ángeles les encanta enviar mensajes para mejorar su vida o recordarle su amorosa presencia y protección. Puede pedirles que le envíen una señal de sus energías protectoras escribiendo esta petición en su diario, expresándola a través de la oración, pidiéndola en un hechizo o ritual, o meditando sobre su petición. Después de pedir una señal de su protección, debe prestar atención a su entorno. Busque señales de los ángeles que le indiquen que ya no corre el riesgo de sufrir ataques físicos. Podrían venir en un sueño profético, una nueva perspectiva sobre una situación problemática, o una oportunidad o relación inesperada.

Dedicarles algo

No dude en dedicar canciones, poemas o cartas a los ángeles. No importa quién sea el autor. Puede ser una canción que haya escuchado en la radio o un poema que haya leído recientemente. Lo único que importa es que el ángel entienda cómo desea comunicarse. Una vez que lo sepa, le asegurará su protección a través de estos medios. Puede escribirles una carta o un poema. Podría ser sobre el deseo de protección o curación, o expresando gratitud por la protección angélica.

Oración para la protección angélica

La siguiente oración es una gran herramienta para evocar a sus ángeles de la guarda. Es una forma excelente de honrarlos y demuestra que es consciente de su presencia y que los convocará si es necesario. Su ángel de la guarda le ayudará a alejar las afiliaciones maliciosas que amenazan su bienestar espiritual.

Instrucciones:

1. Vaya a su espacio sagrado y encienda una vela para el ángel de la guarda.
2. Respire profundamente para centrarse y eliminar de su mente los pensamientos que le distraen.
3. Concéntrese en tu intención de atraer la protección angélica a su vida, a su espacio o a la de sus seres queridos.
4. Cuando esté listo, recite la siguiente oración:

    "Mi ángel, mi cariñoso guardián,

    defienda a (inserte el nombre) en los retos venideros,

    para que las buenas vibraciones no se pierdan al enfrentarse a influencias negativas.

    Mi guardián, ha estado a mi lado durante toda mi vida.

    Que me proteja en todos mis viajes".

Protección psíquica con los Arcángeles

Esta meditación abre la puerta a una limpieza energética eficaz para contrarrestar los ataques psíquicos y eliminar los restos de energías tóxicas de su vida. A través de ella, puede experimentar la energía protectora de los Arcángeles, los protectores espirituales más poderosos del universo. Por ejemplo, puede utilizarlo para invocar al Arcángel

Miguel y erradicar todas las formas de miedo y negatividad de su vida. Sea cual sea el arcángel que elija invocar, esta meditación le ayudará a experimentar su presencia fortalecedora y orientadora mientras elevan sus energías, permitiéndole obtener salud y bienestar espirituales.

Instrucciones:

1. Busque un lugar cómodo donde no le molesten durante al menos 30 minutos.
2. Cierre los ojos y respire profundamente para centrar su mente y conectarse a tierra.
3. Cuando esté relajado, visualice sus deseos fundamentales (intención) como una esfera brillante que resplandece con luz blanca.
4. Concéntrese en la esfera y disfrute del silencio y la paz que aporta a su mente. Inspire, como si intentara que la calma penetre en su cuerpo.
5. Al exhalar profundamente, abandone todos los demás pensamientos de su conciencia. Deje que la energía calmante fluya hacia su interior y no permita que nuevos pensamientos invadan su conciencia.
6. Permita que su intención trascienda el espacio e imagine que ha tomado la forma de un templo espacioso. Visualícese entrando en el templo y observando cómo se ve, se siente y suena.
7. El templo es su espacio sagrado, donde las energías divinas le protegen. Ninguna otra energía puede entrar sin permiso ni atraer la suya en contra de su voluntad. Aquí tiene todo el poder para protegerse.
8. Mientras explora el templo, sienta cómo la energía del templo irradia por todo su cuerpo. Sienta seguridad, calma, amor y bienestar.
9. Ahora, imagine que su espacio divino se transforma en un orbe de luz blanca giratoria. Sienta cómo el orbe vibra y flota hacia arriba, llevándole a través del espacio hasta el horizonte luminoso que hay sobre usted.
10. Al pasar junto a una masa dorada luminosa que viaja hacia una fuente de luz brillante, siéntase envuelto en más amor, protección, paz y alegría a medida que las partículas de energía elevan sus energías.

11. Sienta cómo las energías protectoras entran en su cuerpo, zumbando como los latidos de su corazón. Si se siente guiado hacia ciertos pensamientos y emociones, siéntase libre de unirse a ellos y seguirlos.
12. Por un momento, vuelva a sí mismo y deje que las nuevas emociones le invadan. Vuelva a su visión anterior en la siguiente inhalación. Visualice al arcángel frente a usted con su espada sagrada a su lado.
13. Imagine que abraza al ángel. Puede que le pida permiso para darle poder con energía protectora. Después de concederle permiso, invite al arcángel a entrar y deje que escanee su mente, cuerpo y alma para ver dónde necesita más protección.
14. Identificarán y localizarán las energías negativas; con su espada, las atravesarán, desprendiéndolas de su cuerpo y liberándole de sus ataduras. Le ayudarán a eliminar los restos del ataque psíquico y le asegurarán que, a partir de ahora, nadie podrá manipular su energía sin permiso.
15. Respire profundamente y deje que las energías negativas se vayan, asimilando los cambios a medida que su energía se limpia. Observe los pensamientos y sentimientos que le atraviesan a medida que las influencias negativas se van alejando de su vida.
16. Hágase preguntas relacionadas con estas emociones. Por ejemplo, pregúntese a quién tiene que perdonar si siente resentimiento. A quien le venga a la mente, concédale el perdón y sustitúyalo por amor. Si teme que alguien afecte negativamente a sus vibraciones, dígale que ya no tiene permiso para acceder a su energía. Libere la interacción negativa que ha mantenido con esta persona.
17. Suelte lentamente las imágenes y sienta el alivio que le invade, entrelazado con las olas del perdón. El arcángel le está fortaleciendo con su energía protectora. Si necesita ayuda adicional con la sanación espiritual, pida al arcángel que le bendiga con energía sanadora.
18. Visualícese envuelto en una túnica blanca, sujeta con una cadena púrpura, símbolo de los poderes protectores del ángel.
19. El ángel crea tres orbes resplandecientes de energía a su alrededor, cada uno girando en una dirección diferente. Están conectados a su energía; entre ellos hay un poderoso campo de

energía. Sus direcciones nunca pueden alinearse, por lo que ninguna fuerza externa puede romper el campo.

20. Los orbes velarán por usted y montarán guardia para evitar futuros ataques. Representan una conexión con el arcángel, al que ahora puede invocar más fácilmente.

21. Vuelva a su cuerpo y siéntase fortalecido por su protección psíquica reforzada. Con una respiración centrada, abra los ojos y vuelva a su vida.

Magia del Sigilo Angelical

Los sigilos son imágenes de símbolos que se incorporan a diferentes actos mágicos. Representan el objetivo o la intención que se desea manifestar: la protección angélica. Como son herramientas mágicas, los sigilos deben activarse con un ritual. Puede utilizar sigilos angélicos prefabricados o crear los suyos propios concentrándose en lo que quiere conseguir con ellos y canalizando su energía espiritual hacia ese propósito. La energía del ángel al que pertenece el símbolo mantiene esta energía.

Utilización de sellos angélicos

Debe utilizar el ritual correcto para establecer la línea de comunicación cuando utilice sellos de invocación de ángeles. Debe elegir el ángel adecuado para su intención, su asociación (días, velas, oraciones) y la intención apropiada.

He aquí un sencillo hechizo de invocación para la protección angélica:

1. En su lugar sagrado, disponga sus herramientas: un sello angélico, una vela asociada al ángel y otra vela que represente su intención (utilice una sola vela si su intención coincide con los poderes del ángel).

2. Encienda la(s) vela(s) y tome el papel con el sello cargado en sus manos.

3. Sosteniendo el sello cerca del cuerpo, colóquese en una posición cómoda y relájese, respirando profundamente unas cuantas veces.

4. Cierre los ojos y visualice el sello frente a usted. Si le cuesta realizar este paso, puede mantener los ojos abiertos y mirar profundamente el sello.

5. Una vez que esté totalmente concentrado en el sello y haya eliminado de su mente cualquier otro pensamiento, exprese su intención en voz alta:

"Por el poder del ángel cuya energía está en este sello,
pido que se cumplan mis deseos.
Que yo y los que me rodean seamos protegidos,
y guiados por el camino sagrado de los ángeles".

6. Tras otra respiración profunda, suelte la imagen del sello y abra los ojos (o deje el papel con el sello) y vuelva a sus actividades cotidianas.

Si el ángel que ha invocado a través del sello quiere enviar un mensaje, lo hará pronto. Usted puede recibir este mensaje en sus sueños al aprovechar su intuición, al realizar su intención, al leer un libro, o en situaciones o visiones relacionadas con su hechizo de sigilo angélico.

Usted puede convocar el poder de un ángel a través de la magia sigil. Sin embargo, se recomienda trabajar con arcángeles si necesita refuerzo en un campo específico (como la protección psíquica de poderosas energías negativas). Puede invocarlos en los días asociados a sus colores favoritos. Por ejemplo, el Arcángel Samuel se invoca mejor con una vela de color rosa un martes.

Para invocar a su ángel de la guarda, necesitará el día de la semana que le ha sido asignado: el día en que nació. Es la mejor forma de establecer una conexión con su guía espiritual y utilizarlo para que las cosas funcionen a su favor.

Dependiendo del asunto que esté tratando, puede invocar al ángel que mejor represente su problema (y sus soluciones) según sus cualidades y poderes. Por ejemplo, el Arcángel Samuel gobierna la elevación espiritual, la protección y la paz, mientras que, si necesita poder, fe y coraje para rechazar las energías negativas, necesitará los poderes del Arcángel Miguel.

Capítulo 7: Piedras, plantas y símbolos de protección

Como su título indica, este capítulo está dedicado a los cristales protectores, las plantas protectoras y los símbolos de protección. Enumera los cristales, plantas y símbolos de protección más comunes y potentes, con su propósito espiritual y sugerencias para utilizarlos con fines de protección. Aprenderá a crear y cargar sus símbolos de protección.

Cristales de protección

Los cristales pueden ayudarle a mantenerse conectado con su mente, cuerpo y alma[7]

Utilizar cristales es una forma maravillosa de mantenerse conectado con la mente, el cuerpo, el alma y las energías psíquicas. Se recomienda utilizar cristales verdaderos, ya que se formaron a partir de ingredientes naturales y son una forma estupenda de incorporar la naturaleza a su vida diaria. Los cristales vibran a diferentes frecuencias. Por ejemplo, las vibraciones de algunas piedras pueden ayudarle a repeler ataques psíquicos. Otras le ayudarán a expulsar la energía que no le sirve.

Aunque algunos cristales son mejores que otros para la protección psíquica, las mejores piedras son aquellas que le atraen. La energía del cristal le atraerá y conectará con su energía. Puede hacer que se detenga, aprenda a elevar sus vibraciones y le proteja. A continuación, se muestran algunos cristales con energías protectoras pronunciadas.

Turmalina negra

La turmalina negra puede ser un protector increíblemente potente para su aura. Su energía tiene efectos enraizantes y calmantes. Su energía proporciona cualidades calmantes y de anclaje. Puede detener la energía dañina que otra persona le está enviando. Los patrones de pensamiento negativos, a menudo asociados con ataques psíquicos, pueden ser desterrados por las energías curativas de esta piedra negra. Por ejemplo, las influencias desfavorables pueden hacer que experimente ansiedad severa. La turmalina negra tiene el poder de calmar su mente, alejar los pensamientos llenos de preocupación y devolverle la confianza que una vez tuvo. La turmalina negra es uno de los mejores cristales para añadir a su colección si quiere bloquear toda la energía negativa de su vida, de su entorno y de las vidas de los que le rodean.

La mejor forma de utilizar la turmalina negra como protección es durante la meditación. Mientras sostiene la piedra, sólo tiene que pensar de qué desea protegerse. También puede llevar turmalina negra si tiene pensamientos pesimistas persistentes, ansiedad o miedo a las energías nocivas, o guardarla en el bolsillo. Crea una burbuja de energía protectora a su alrededor.

Obsidiana

La segunda gema negra de esta lista, la obsidiana, absorbe la energía negativa como el color negro incorpora todos los demás colores. Cuando le aflige la energía negativa, este cristal puede ayudarle a superar esos momentos. Cuando experimenta vibraciones negativas que le agobian con pensamientos pesados, puede ayudarle a encontrar la claridad. Pueden salir a la luz verdades incómodas sobre sus emociones y conexiones interpersonales. Puede ayudarle a identificar cualquier cosa que otra persona esté intentando ocultarle.

Dado que absorbe toda la energía negativa a su alrededor, la obsidiana no es una piedra que se pueda llevar siempre, y hay que limpiarla a menudo. Sin embargo, puede colocarla alrededor de su casa. Colocar esta piedra junto a las entradas bloquea la energía negativa que amenaza con entrar en su espacio, deteniéndola en seco. Al absorber estas vibraciones de energía negativa y devolverlas en forma de vibraciones positivas, la obsidiana protegerá su hogar y a todos los que estén dentro, de esa energía negativa.

Amatista

La amatista puede ayudar con el blindaje psíquico, aunque se la reconoce sobre todo por aliviar los dolores de estómago y otras dolencias relacionadas con el estrés. Esta piedra púrpura promueve una energía tranquila y calmante y protege contra los sentimientos dominantes que causan ansiedad y desesperación. La amatista proporciona protección emocional y espiritual al estabilizar la salud mental. Le ayuda a ser más consciente de las malas energías y de la necesidad de eliminarlas de su vida.

La amatista puede utilizarse de muchas maneras. Puede tenerla cerca de donde esté con frecuencia, llevarla como amuleto en una pulsera o collar, o guardarla en el bolsillo. Colocar la piedra bajo la almohada mientras duerme le proporcionará una protección adicional para el trabajo con los sueños y el contacto espiritual, incluso cuando su mente consciente esté dormida.

Cuarzo transparente

Debido a su capacidad innata para conectar con otras energías naturales, el cuarzo transparente puede tomar la energía de otros cristales cercanos a él. Puede utilizar el cuarzo transparente para amplificar la energía de un cristal protector que esté utilizando. Además de manifestar más protección en su vida, esta piedra puede utilizarse para la purificación. El cuarzo claro limpia la energía y potencia sus capacidades protectoras naturales al expulsar las vibraciones negativas de su mente, cuerpo y alma.

Si quiere utilizarla como piedra limpiadora, llévela como amuleto o en el bolsillo. Si quiere amplificar la potencia de otros cristales, úselos junto a ellos en rituales y hechizos. Por ejemplo, puede moverlo arriba y abajo delante de su cuerpo o sostenerlo cerca del corazón y sobre otro cristal mientras lanza un hechizo de protección. Protegerá su energía y liberará las vibraciones negativas del cuerpo.

Pirita

La pirita es un cristal dorado que protege su energía de las vibraciones negativas. Si ha estado en una tienda de cristales, probablemente haya visto esta belleza. Su color dorado manifiesta abundancia y aumenta la confianza, lo que es útil para aumentar su protección psíquica. Esta piedra le ayuda a liberarse de la negatividad y a manifestar cambios positivos en su vida haciéndole más confiado a la hora de protegerse de influencias externas.

La pirita es increíblemente poderosa y puede ser eficaz independientemente de cómo la utilice. Si quiere guardarla en su bolso o bolsillo (o ponerla en las entradas de su casa u oficina), le protegerá. Si quiere llevarla o mantenerla cerca de su cuerpo, debe limpiarla a menudo con cuarzo transparente para que pueda protegerle allá donde vaya.

Smithsonita

La smithsonita no sólo es bella, sino que también es la piedra con la energía más serena. Sus vibraciones pueden ayudar a calmar las emociones causadas por las vibraciones negativas que emanan de otras personas. Puede centrarle, ayudándole a relajarse y a concentrarse en erigir la protección necesaria contra las influencias nocivas.

El mejor uso de la smithsonita es para proteger el espacio de su casa u oficina. Colóquela en un lugar especial (como un altar u otra zona sagrada) para que le ayude a alejar las energías malsanas de su hogar. O guárdela en el cajón de la oficina, para recordar sus poderes protectores en un día estresante con compañeros tóxicos.

Jade negro

Otra piedra negra de la lista es el jade negro. Puede ayudarle a conectar con su intuición y saber a qué personas debe evitar. Su intuición sabe quién emana vibraciones negativas o en qué situaciones es más probable que se vea afectado. El jade negro le ayudará a identificar por dónde entra la negatividad en su vida y a eliminar la raíz de sus problemas energéticos.

Puede utilizar el jade negro como guardián personal (energético) y llevarlo consigo dondequiera que vaya, luciéndolo como amuleto o guardándolo en el bolsillo. Será especialmente eficaz cuando conozca a gente nueva, viaje a nuevos lugares o se aventure en nuevas experiencias.

Plantas protectoras

Al igual que las piedras naturales, las plantas están conectadas con la naturaleza y su poder universal proporciona curación y conecta a todos los seres vivos. Utilizan la energía natural para proteger de ataques físicos y limpiar la energía. Por eso, colocar plantas en determinadas zonas de su casa o espacio de trabajo tiene muchos beneficios para sus vibraciones. Observar vegetación reduce el estrés, mejora el estado de ánimo y elimina otros síntomas de influencias energéticas tóxicas. Las plantas permiten defenderse de las malas energías mejorando su salud física y mental. Las plantas emiten energía positiva y eliminan las energías tóxicas de su entorno.

Además, las plantas producen cantidades inmensas de oxígeno, que es bueno para el medio ambiente. Todos los seres vivos que se alimentan de oxígeno se llenarán de más energía positiva, incluidas las personas. Cuantas más vibraciones positivas haya en el entorno, más fuentes tendrá a las que recurrir cuando necesite un impulso adicional de buenas vibraciones para repeler las influencias tóxicas. He aquí algunas plantas para la protección espiritual:

Albahaca

Las hojas de color verde intenso de la albahaca emanan mucha energía positiva. Tienen propiedades antioxidantes, que mejoran el metabolismo de todos los seres cargados de energía positiva. Aumenta la energía positiva en su entorno y es una poderosa ayuda en la protección espiritual.

Puede utilizar la albahaca de muchas maneras para la protección psíquica. Por ejemplo, puede utilizarla para ungir velas para hechizos y rituales de protección. Ponga albahaca seca en un saquito (con otras hierbas protectoras) y colóquelo bajo su almohada. O puede tener una maceta de albahaca en el alféizar de la ventana para bloquear las energías negativas de su casa.

Aloe vera

La planta de aloe vera es una de las plantas de interior más comunes para la protección psíquica, aunque su uso es a menudo involuntario. Mucha gente conoce las propiedades curativas, calmantes y antiestrés de esta planta. Sin embargo, éstas también pueden proteger su aura.

Como el aloe vera sobrevive a cualquier clima, puede tenerlo en cualquier lugar de su casa o lugar de trabajo. Colocar la planta cerca del lugar donde pasa más tiempo le llenará de vibraciones positivas y expulsará la energía negativa. Aproveche sus propiedades curativas y limpiadoras creando lociones caseras para una mayor protección.

Salvia

La salvia es otra hierba que le ayudará a eliminar la energía tóxica de su entorno. Le permite expulsar las emociones negativas (incluida la ira y el miedo) causadas por las malas vibraciones.

Plante salvia en pequeñas macetas y colóquelas en su casa donde necesite más protección. Puede utilizar salvia seca para rituales de limpieza, como baños rituales o purgas. El primero es ideal para expulsar las influencias negativas del cuerpo, mientras que el segundo las elimina del entorno. También puede utilizar la hierba seca como ungüento en rituales y ceremonias de protección, colocarla bajo la almohada en una bolsa o llevarla encima como talismán.

Vetiver

El vetiver es otra planta de interior relacionada con la mejora de la salud mental; eleva la protección espiritual. El vetiver fomenta el flujo de energía positiva y ayuda a reducir el flujo de energía tóxica. Su aurora calmante ayuda a relajar la mente y mejora el sueño, aumentando la capacidad de protegerse de las influencias negativas. Puede colocar vetiver en cualquier lugar donde necesite mayor protección.

Lavanda

El relajante aroma de la lavanda ayuda a reducir el estrés, favorece la relajación y elimina las energías tóxicas del cuerpo. Además de aliviar los síntomas del estrés y la depresión, la lavanda también es estupenda para la protección espiritual. Sus aceites eliminan las vibraciones negativas del ambiente y fomentan el flujo de energías positivas.

La lavanda puede utilizarse en aceite, fresca o seca. Por ejemplo, utilice lavanda seca en un baño de limpieza espiritual o en una limpieza. El aceite de lavanda y las flores frescas pueden utilizarse en rituales de purificación, contribuyendo a la acumulación de energía positiva para protegerse de las vibraciones tóxicas.

Jazmín

El jazmín puede aportar energía positiva a las relaciones románticas o familiares. Coloque esta planta en cualquier lugar de su casa para rodear a todos de buenas vibraciones. Es especialmente eficaz si cree que alguien está intentando provocar una ruptura en vuestra relación con sus vibraciones negativas.

Tomillo

El tomillo es otra hierba aromática conocida por mejorar las vibraciones. Puede traerle buena suerte y confianza en sus capacidades. Al igual que la salvia, puede utilizar tomillo seco en ritos y hechizos para combatir la energía negativa. O incorporarlo a rituales de limpieza, como los baños y la purificación. El tomillo seco o fresco cerca de la cama (incluso debajo de la almohada) ayuda a mejorar el sueño y la comunicación espiritual a través del sueño, y aleja las pesadillas.

Lirio de la paz

El lirio de la paz potencia el flujo de energía positiva en su hogar u oficina, ayudándole a protegerse de las influencias negativas en su vida privada y profesional. La planta purifica el aire, reduciendo eficazmente los dolores de cabeza y otros síntomas de estrés causados por energías tóxicas. Colóquela en cualquier lugar con poca luz solar. Se cargará a sí misma y a su entorno con una energía aún más protectora.

Planta de jade

Al igual que el lirio de la paz, la planta de jade ayuda a mejorar el estado de ánimo eliminando las energías negativas del entorno. Da más confianza para defenderse y defender a los seres queridos de los ataques psíquicos. Mantenga la planta de jade en la entrada de la casa, y todos los que estén dentro estarán protegidos.

Símbolos de protección

Los símbolos se han utilizado para la protección espiritual desde la antigüedad. Todas las culturas emplean algún simbolismo durante los hechizos y rituales de protección. A continuación, se presentan algunos de los símbolos más poderosos de la protección psíquica.

Triquetra

La triquetra, conocida como nudo de la trinidad, es uno de los símbolos protectores más antiguos. Consiste en tres arcos entrelazados, con bucles anudados, que forman un triángulo. La triquetra se ha utilizado en culturas paganas y en la magia de pliegues celta, pero sus usos se han rastreado hasta regiones asiáticas. En la mitología celta, la triquetra denota los tres reinos naturales: el cielo, el mar y la tierra.

El símbolo puede representar los estados físico, mental y espiritual de su cuerpo. Por eso es ideal para la protección espiritual general. Puede llevar la triquetra como amuleto o tenerla cerca del cuerpo para protegerse durante los desplazamientos. O incorpórela a rituales y hechizos cuando necesite un refuerzo adicional para ahuyentar las influencias tóxicas.

Tortuga

Debido a su larga vida, las tortugas son amuletos de la suerte en muchas culturas. Este animal tiene una dura armadura corporal, que simboliza la fuerza espiritual y la resistencia. La tortuga significa un poder de protección contra las energías dañinas. Le recuerda que puede superar cualquier obstáculo siempre que sepa alejar las vibraciones tóxicas. Aunque su objetivo pueda parecer lejano, si va aumentando poco a poco sus energías espirituales, lo alcanzará. No importa a cuántos obstáculos se enfrente, el símbolo de la tortuga le ayudará a mantenerse motivado y decidido a alcanzar sus metas. La mejor forma de utilizar este símbolo para la protección psíquica es llevarlo como amuleto.

Yelmo del Pavor

Este símbolo de protección procede de la mitología nórdica y se asocia a la protección contra los enemigos. Las tribus vikingas se pintaban este símbolo en el cuerpo antes de la batalla para atraer la buena suerte y la protección. Además de ofrecer protección contra las energías tóxicas, el yelmo del sobrecogimiento se utiliza para disipar los miedos. Se representa como ocho tridentes centrados en una zona central, protegiéndola del mal. Es un recordatorio de que no importa lo potente que sea la energía negativa, siempre estará protegido por ella. Este símbolo ayuda a suprimir sus miedos, dándole confianza en sus elecciones y habilidades para defender su aura de las influencias negativas. Puede incorporarlo a rituales y hechizos protectores, o llevarlo como amuleto o talismán para tener una capa de protección añadida cuando se adentre en territorios desconocidos, como conocer gente y situaciones nuevas.

El mal de ojo

El mal de ojo es otro símbolo de protección muy utilizado y venerado en todo el mundo. Conocido como *nazar*, el símbolo del mal de ojo se asocia con la visión interior. Mejora el conocimiento de uno mismo y llama la atención sobre las áreas que necesitan protección. El símbolo se representa como un ojo azul y blanco.

Este símbolo puede repeler las energías negativas, sobre todo si se lleva como joya, amuleto o talismán. Protege de influencias nocivas, incluidas las que emanan de personas que le desean mala suerte y desgracias. Responde a los pensamientos celosos y a las malas vibraciones asociadas. Incorpórelo a su decoración y mobiliario para proteger su hogar.

Libélula

La libélula es conocida por su capacidad transformadora. Es un poderoso símbolo de autorrealización y elevación espiritual. El avance espiritual conlleva una mayor capacidad para alejar las vibraciones negativas.

Las libélulas están conectadas con la energía del fuego y del agua, y su dualidad recuerda el equilibrio de los aspectos opuestos en la vida. Se asocian con nuevos comienzos y objetivos en la vida personal y profesional.

Utilizar el símbolo de la libélula como protección espiritual puede ayudarle a atraer más energía positiva a su vida, sustituyendo a la negatividad. Puede inspirarle a ver el lado positivo de cada situación (por difícil que sea) en lugar de dejarle que se consuma por las influencias negativas.

Lleve el símbolo como amuleto o talismán a diario para alegrarse la vida y tener más confianza a la hora de proteger sus energías espirituales. Le ayudará a prosperar en su viaje espiritual, añadiendo luz y felicidad a su vida.

Cómo crear y cargar símbolos

Puede crear sus propios símbolos (sellos) para protegerse. Todo lo que necesita es una hoja de papel, un lápiz y una vela (del color que represente su intención) para hacer sus sellos.

Instrucciones:
1. Escriba en el papel el motivo de su símbolo. Por ejemplo, puede escribir su necesidad de protección de un guía espiritual. Escríbalo como algo que ya ha conseguido y no como algo que desea conseguir.
2. Tache todas las vocales y consonantes que aparezcan más de una vez en su escrito. Cree una frase con las letras restantes. A continuación, cree un símbolo que incorpore la primera letra de cada palabra.

3. Active el sello escribiéndolo en otro papel mientras se concentra en su intención. Deje el sello a un lado; no piense en él hasta que lo necesite. También puede quemar el papel con el sello.
4. Puede utilizar el sello para invocar energía protectora. Por ejemplo, si está invocando el poder protector de un ángel, el sello le ayudará a ponerse en contacto con el ángel al que pertenece el símbolo y a mantener esta energía.

Después de activar el sello, debes cargar su símbolo para potenciarlo con energía protectora. Puedes hacerlo así:

- Guardándolo en algún lugar significativo.
- Tallándolo en una vela y encendiéndola.
- Dibujando un sello protector en el cuerpo.
- Trazando un sello en el aire y visualizando su disipación.
- Dibujando un sello en la comida y comiéndola.

Capítulo 8: Romper maldiciones, hechizos y ataduras

En este capítulo se enumeran varios hechizos y rituales para defenderse de maldiciones, maleficios y vínculos y relaciones no deseados. Explica las maldiciones y los maleficios, sus diferencias, por qué se producen y cómo identificar si es víctima de uno.

Maldiciones y hechizos

Las maldiciones y los hechizos son conjuros que pueden causar daño a un objetivo°

Los maleficios son simples hechizos que inducen a la negatividad, lanzados por una persona con malas intenciones. Dependiendo de cómo se lancen, los hechizos de maleficio pueden ser más formales que las maldiciones. A veces requieren un hechizo práctico, mientras que otras veces, necesitan un ritual complicado. Depende de cuánto desee la persona dañar a su objetivo. Sin embargo, incluso los maleficios más malintencionados y potentes pueden romperse.

Una maldición también es un hechizo que perjudica a su objetivo trayendo mala suerte, desgracia, enfermedad, dificultades económicas y otros obstáculos a su vida. Hay dos maldiciones principales: La maldición del caos, que provoca sucesos negativos aleatorios, y la maldición de la entropía, que se dirige a una persona o varias personas y aumenta la probabilidad de que se vean afectadas por vibraciones negativas. Las maldiciones pueden ser personales o generacionales.

El número de maldiciones y maleficios diferentes utilizados por las brujas es enorme, pero unos pocos comunes sirven para transmitir los mismos sentimientos. Por ejemplo, el mal de ojo está causado por la envidia, el odio, los celos, la malicia, la ira y el resentimiento. Aunque existen varios tipos de mal de ojo, todos tienen algo en común: nacen de un hechizo mágico lanzado por alguien que quiere hacerle daño.

Cómo saber si es víctima de una maldición o un hechizo

Las maldiciones y los hechizos son más comunes de lo que cree. Aquí tiene consejos para saber si es víctima de una maldición o un hechizo:

1. La sensación de derrota, desánimo y depresión: Siente que completar incluso la tarea más sencilla le parece desesperado y abrumador, y está constantemente decepcionado consigo mismo o tiene ganas de abandonarlo todo.
2. Le atormenta la fatiga física, enferma constantemente o, en general, siente falta de energía o motivación.
3. Le falta el deseo de desarrollarse espiritualmente: Puede tener dificultades para rezar, conectar con guías espirituales o realizar prácticas para la iluminación espiritual.
4. Pérdida de fe: Puede sentirse defraudado por sus guías espirituales; y ahora le están castigando.
5. Una visión negativa de la vida: Podría estar luchando con pensamientos ansiosos, preocupaciones o miedos o sentir que nadie se preocupa por usted.

6. Considera la posibilidad de volver a antiguas prácticas, independientemente de lo perjudiciales que fueran para su salud espiritual. Las maldiciones pueden hacer que considere retroceder en lugar de avanzar con su vida.
7. Reabrir viejas heridas emocionales: Incluso si cree que ha cerrado un capítulo doloroso de su vida, una maldición o hechizo puede reabrirlo, haciendo que se enfrente al dolor de nuevo.
8. Sentir culpa, vergüenza y condena constantemente: Puede sentir que sus pensamientos, emociones y acciones no son lo suficientemente buenos para que los demás los acepten.
9. Sentirse rechazado, solo y pensar que no pertenece a nadie: Siente que nadie entiende sus sentimientos, por lo que no puede pertenecer a ningún sitio.
10. Confusión sobre creencias e ideas: Los ataques psíquicos pueden hacerle dudar de sus creencias y cuestionar su realidad.

Quitar maldiciones o maleficios con limón y sal marina

Este sencillo ritual de eliminación de hechizos o maldiciones utiliza las propiedades de limpieza espiritual de la sal y la energía revitalizante del limón. Destierra la negatividad del interior y del entorno de su cuerpo. No lo utilice si tiene heridas o cortes abiertos.

Ingredientes:
- Un limón.
- Sal marina.

Instrucciones:
1. Corte el limón por la mitad y cubra cada mitad con sal marina.
2. Pásese los limones por el cuerpo, una mitad cada vez. Limpie su aura y canalice la energía tóxica provocada por una maldición o un maleficio hacia el limón.
3. Tire el limón cuando haya terminado. De lo contrario, la mala energía seguirá persistiendo a su alrededor.
4. Debería sentirse mejor unas horas después del ritual. Sin embargo, es mejor repetirlo durante al menos una semana. Puede hacerlo mientras sienta las energías tóxicas y otros efectos de maldiciones a su alrededor.

Baño de agua salada para romper un hechizo

Los baños mágicos son conjuros para romper maldiciones y hechizos. Es una excelente limpieza espiritual. Ayuda a romper el flujo de energía negativa dirigido hacia usted y repone su vacío con abundantes vibraciones positivas. Para obtener los mejores efectos, realice este ritual por la noche, durante la fase de luna menguante. Esta última se asocia con desterrar, retirar y eliminar las cosas negativas de la vida o el espacio de una persona. El mar (y, por extensión, la sal marina) se asocia con la luna, por lo que este ritual crea un poderoso vínculo entre un baño de destierro y la magia lunar.

Ingredientes:

- 1 taza de sal marina.
- 1 taza de sales de Epsom.
- Un vaso de agua.
- 1/4 de taza de bicarbonato sódico.

Instrucciones:

1. Introduzca agua en la bañera y añada el bicarbonato y las sales al agua. Coloque el vaso de agua en el borde de la bañera.
2. Remueva el agua en el sentido contrario a las agujas del reloj para mezclar los ingredientes.
3. Antes de meterse en la bañera, ponga las manos en posición de oración y cierre los ojos.
4. Visualice el agua llena y rodeada de un orbe de luz blanca y brillante.
5. Métase en la bañera y sumérjase durante al menos 30 minutos.
6. Aunque ayuda a eliminar la energía negativa de su interior, sumergirse en agua salada puede ser muy deshidratante. No dude en beber sorbos del vaso de agua para mantenerse hidratado.
7. Cuando haya terminado, salga de la bañera y séquese.
8. Abra la ventana y pida a la luna menguante que termine de limpiarle de maldiciones y hechizos durante la noche.

Cómo recurrir a los guías espirituales para desterrar la energía negativa

Desterrar maldiciones puede ser tan sencillo como pedir a sus guías espirituales que aumenten su protección psíquica. Tanto si prefiere trabajar con deidades, ángeles, espíritus ancestrales u otros guías, rezarles puede ayudarle a explorar la negatividad en su vida. Si fue maldecido o embrujado por la intención maliciosa de una persona o por un espíritu maligno, sus guías espirituales, ángeles guardianes, deidades y espíritus ancestrales no dudarán en ayudarle. Pueden identificar la fuente de la mala magia, eliminarla, dirigirla de vuelta al hechicero y bendecirle con positividad. Si la entidad no puede ayudarle, dirigirá su mensaje a otra más poderosa. Por ejemplo, si su ángel de la guarda no puede ayudarle eliminando su maldición o protegiéndole contra ella, le aconsejará que invoque a un arcángel para que le ayude.

Ingredientes:

- Una vela asociada a la deidad, ángel o espíritu que está invocando
- Una representación de la deidad, ángel o espíritu que está invocando
- Una oración dirigida a la deidad, ángel o espíritu que está invocando

Instrucciones:

1. Encienda la vela y adopte una postura relajada frente a su altar, santuario u otro espacio sagrado. Es útil que este espacio esté dedicado al ser que está invocando.
2. Concéntrese en su intención y recite la oración. Puede repetirla varias veces si lo desea. Medite sobre su intención cuando haya terminado de rezar.
3. Agradezca a la entidad que ha invocado su atención y la bendición que le proporcionará en el futuro.
4. Repita la oración al día siguiente. Incorporar la oración a su vida cotidiana le permite crear un vínculo sólido con las entidades a las que se dirige. Cuanto más fuerte sea la relación y más dedicado sea a ella, más le ayudará esta entidad a revocar o romper maldiciones y hechizos.

Ritual de la varita de cristal para la limpieza espiritual

Las varitas de cristal son excelentes herramientas para limpiar su cuerpo, casa u otro espacio de maldiciones y hechizos de energía negativa. También puede utilizar cristales en lugar de varitas de cristal. Los rituales también utilizan otros cristales para reponer la energía positiva. Elija la piedra que mejor se adapte a sus necesidades y sustituya la negatividad por positividad en los lugares adecuados. Por ejemplo, después de eliminar la energía de la maldición o hechizo de su espacio profesional, utilice piedras que traigan buena suerte y fortuna. Si ha eliminado a la persona que afectaba a la energía de su autoestima, necesitará cristales que le ayuden a alimentar el amor propio.

Ingredientes:

- Un cristal que absorbe o contrarresta la energía negativa.
- Un cristal para llenar el espacio o a uno mismo de positividad.

Instrucciones:

1. Colóquese junto a una ventana abierta para que la energía negativa pueda salir de usted y de su espacio lo antes posible. Aunque sólo esté limpiando su espacio, no olvide abrir las ventanas para que las malas vibraciones tengan a dónde ir. De lo contrario, sólo infectarán su espacio en lugar de irse.
2. Con un solo movimiento, pásese el cristal (o la varita de cristal) por el cuerpo. A continuación, mueva el cristal hacia la ventana, dirigiendo la energía tóxica lejos. Haga esto si desea eliminar las influencias negativas de su persona.
3. Empiece más lejos de la ventana para eliminar maldiciones, maleficios u otras vibraciones maliciosas de un espacio. Avanzando lentamente, mueva el cristal hacia la ventana varias veces. Cuando llegue a la ventana, mueva el cristal como si dirigiera la energía hacia el exterior.
4. Una vez que haya disipado las energías negativas de su persona o espacio, cierre la ventana y coja un cristal que traiga positividad. Si se ha limpiado a sí mismo, pase el cristal por su cuerpo, concentrándose en llenarse de positividad.
5. Si ha limpiado su espacio, camine con el segundo cristal, concentrándose en la misma intención.

Ritual de limpieza para eliminar maldiciones

Este ritual de limpieza con huevos le ayudará a eliminar el mal de ojo y otras maldiciones comunes de su persona. Utilice el huevo como recipiente de la energía tóxica causada por la maldición. La maldición se aleja de la persona y se canaliza hacia el huevo.

Ingredientes:

- Un huevo.
- Una vela (opcional).
- Un tarro.
- Agua.

Instrucciones:

1. Colóquese delante de su altar o espacio sagrado con el huevo en las manos.
2. Calme su mente y concéntrese en su intención. Si trabaja con deidades o guías espirituales, invóquelos para que le den poder y le ayuden a introducir la maldición en el huevo.
3. Frote el huevo sobre su cuerpo, concentrándose en las zonas donde sienta malestar o dolor, lo que podría indicar la acumulación de energías negativas.
4. Es posible que sienta escalofríos en algunas partes del cuerpo, y esto es una buena señal. Significa que el huevo está extrayendo la negatividad.
5. A continuación, diga lo siguiente tres veces:

   "Que todas las maldiciones abandonen mi cuerpo, mi mente y mi alma, ahora".

6. Cuando sienta que el huevo ha absorbido todas las energías negativas, llene el tarro con agua y rompa el huevo en él.
7. Intente leer el huevo para ver el origen de la maldición. Preste atención a las diferentes formas, como flores, personas y otras características que pueda discernir a medida que el huevo se mezcla con el agua.
8. Cuando haya terminado de observar la mezcla de huevo y agua, tírela por el retrete.

Un muñeco mágico para ahuyentar la mala magia

Con un muñequito de tela, arcilla, madera, cera, papel u otro material, puede desviar la energía de una persona o atraerla hacia ella. Además de personas, los muñequitos pueden representar animales y objetos inanimados. A veces, los muñequitos pueden encarnar el alma de una persona que murió y dejó una maldición o maleficio detrás o fue maldecida o hechizada ella misma antes de morir. El conjuro utiliza el muñequito para representarle a usted o a sus seres queridos y redirigir las energías tóxicas.

Ingredientes:
- Un muñeco: puede comprarlo o fabricarlo. Por ejemplo, puede coser un muñeco de algodón y rellenarlo con objetos que representen a la persona que quiere proteger.
- Más objetos que le representen a usted o a otra persona que quiera proteger (fotos, baratijas o cualquier otra cosa relacionada con la energía de la persona).
- Un espejo.

Instrucciones:
1. Lleve al muñeco y a los demás objetos al espejo y póngase frente a él. Si el hechizo es para usted, mire al muñeco a los ojos y diga:

   "Al mirar a los ojos de este muñeco, me uno con él.

   Todo el mal que pueda recibir irá a parar a este muñeco,

   y me libraré de las energías tóxicas".

2. Si el hechizo es para otra persona, puede tener a la persona con usted y hacer que repita el canto anterior. O, si está trabajando a distancia, diga:

   "Este muñeco es ahora (el nombre de la persona).

   Que esté protegida del mal,

   mientras su doble absorbe cualquier energía tóxica".

3. Deje el muñeco en un lugar seguro y deje que absorba las energías negativas (maleficios y malas intenciones) enviadas hacia usted o hacia la persona que quiere proteger.

4. Si usted o la otra persona habéis experimentado signos de estar malditos o embrujados, estos signos desaparecerán pronto.

Un ritual con velas para alejar las fuerzas malignas de su entorno

Este ritual de magia con velas mezcla el poder de una vela negra y otra blanca. La primera se asocia con el mal, la muerte y la oscuridad. Denota la ausencia de luz y suele utilizarse para representar la noche, el luto y el duelo. La vela blanca encarna la pureza, la espiritualidad, la inocencia, la luz, la bondad, la verdad, la armonía, la paz, el amor, la unidad y el equilibrio. El blanco está relacionado con las estrellas, la luna, los ángeles y el alma. Combinando estos colores, puede absorber las fuerzas negativas de su espacio y sustituirlas por vibraciones positivas.

Ingredientes:

- Una vela blanca pequeña.
- Una vela negra pequeña.

Instrucciones:

1. Coloque la vela blanca y una negra frente a usted en su altar u otro espacio sagrado. Enciéndalas.
2. Calme su mente y rece una oración de gratitud por la positividad que hay en su vida para reforzar su intención de ahuyentar la negatividad.
3. Concéntrese en lo que desea eliminar de su espacio (su casa o su lugar de trabajo) y en aquello con lo que quiere llenar ese espacio.
4. Deje que las velas se consuman por completo. Evite soplarlas porque podría causar que su hechizo se interrumpa. Es mejor realizar este hechizo al final de la tarde, cuando tiene mucho tiempo para supervisar las velas antes de irse a la cama.

Hechizo de congelación de archivos adjuntos no deseados

Congelar o agriar se utiliza para expulsar a alguien de su vida. Puede usarlo con personas que le causan bloqueos energéticos o contaminan su energía con vibraciones tóxicas. Podría tratarse de sus enemigos, de personas que difunden chismes mientras fingen preocuparse por usted, o de cualquiera que sienta envidia de sus éxitos. No lo utilice con personas con las que quiera reconciliarse más tarde y no lance el hechizo con ira. Tradicionalmente se usaba sal o vinagre para el hechizo. La sal puede ayudar a amargar las palabras hirientes de una persona en su boca, cortando su conexión con ella. El vinagre amargará a la persona, por lo que dejará de unir sus vibraciones negativas a las suyas.

Ingredientes:

- Recipiente hermético (bolsa de congelación, tarro, etc.).
- Agua cargada (agua con sal o vinagre) (alternativamente, utilice agua del grifo). Sin embargo, hará que el hechizo sea menos efectivo.
- Tótem (para representar a la persona o situación en la que se encuentra esta persona) a congelar. Puede ser una fotografía de ellos, sus pertenencias, o su nombre en un pedazo de papel.
- Frutas y verduras.
- Detalles de las situaciones escritos en un papel (por si se está desprendiendo de situaciones insanas).
- Cera negra de vela para sellar (opcional).
- Pimienta negra o copos de chile (opcional, para hacer que las mentiras o chismes de la persona le ardan en la boca).

Instrucciones:

1. Prepare el tótem y los detalles escritos de la situación (si utiliza alguno) en su altar, santuario u otro espacio sagrado.
2. Encienda la vela negra. Coloque el tótem (y el papel con los detalles) en el recipiente vacío.
3. Ponga la fruta y la verdura en el recipiente. Si usa chile o pimienta en escamas, añádalos.
4. Llene el recipiente con agua salada o vinagre. Cierre el recipiente.
5. Selle el recipiente goteando cera de vela negra sobre la abertura o la tapa. Mientras lo hace, medite sobre su intención. Imagine que su conexión con esa persona se rompe y que desaparece de su vida. Medite sobre la sensación de satisfacción que le produce esta imagen.

6. También puede envolver el recipiente en papel de aluminio. Asegúrese de que el lado brillante del papel mira hacia dentro para que la energía negativa de la persona rebote hacia ella. Puede combinar ambas técnicas sellando el recipiente con cera y envolviéndolo después en papel de aluminio para aumentar la potencia del hechizo.
7. Meta el recipiente en el congelador. Déjelo allí el tiempo necesario para que el hechizo surta efecto.
8. Una vez completado el hechizo, saque el recipiente del congelador, tire su contenido a la basura o déjelo en un contenedor cerca de un cruce de caminos. Estas opciones son las más seguras cuando la persona ha sido congelada con éxito fuera de su vida.
9. Otra opción es dejar el recipiente en el congelador y olvidarse de él. Indica que no puede molestarse en tirarlo porque la persona no merece que piense en ella.
10. Si el hechizo no ha funcionado o la persona ha reaparecido en su vida, no tire el hechizo. Debe recargarlo en su lugar. Saque el recipiente del congelador, descongélelo durante unos días y devuélvalo al congelador después de meditar sobre su intención.
11. Si se trata de un apego especialmente fuerte, repita el proceso anterior cada pocos días para intensificar el poder del hechizo. Continúe hasta que la persona deje definitivamente de ponerse en contacto con usted, de cotillear o de hacer cualquier cosa en su contra.

Los hechizos y maldiciones pueden romperse, independientemente de la fuerza de la intención. Utilice el poder de sus entidades para liberarse de un hechizo.

Capítulo 9: Cómo protegerse y proteger a sus seres queridos

Ojalá pudiera estar siempre rodeado de positividad sin que se filtraran en su vida influencias o energías nocivas. Sin embargo, esto no es realista. No hay escapatoria de la negatividad. Los ataques psíquicos pueden ocurrir en cualquier momento y en cualquier lugar, ya sea por accidente o a propósito. En otras palabras, no puede controlar dónde o cómo recibe estos ataques, pero puede protegerte tanto usted como a su familia de ellos.

Este capítulo proporciona múltiples rituales de protección, consejos y técnicas para mantenerse usted y sus seres queridos a salvo.

Recuerde, realice rituales de preparación y limpieza antes de practicar cualquier técnica.

Los rituales pueden utilizarse para protegerse a uno mismo y a los seres queridos de cualquier daño[9]

Ceremonia de limpieza

Una ceremonia de limpieza es una técnica eficaz contra los ataques psíquicos. Consiste en quemar salvia, cuyo humo libera la energía oscura de su cuerpo y le protege de futuras influencias negativas.

Ingredientes:

- Barrita de salvia.
- Lavanda o sándalo.

Instrucciones:

1. Ponga la salvia y la lavanda en el mismo manojo.
2. Encienda las hierbas con una cerilla, apague el fuego y colóquelas en un cuenco grande.
3. Establezca la intención de protegerse de las influencias oscuras y los ataques psíquicos. Puede rezar una oración: *"Me protejo de las fuerzas oscuras que tienen poder sobre mí"*.
4. Siéntese en el suelo y mire hacia arriba para pedir al universo que le dé fuerza y sabiduría contra estas fuerzas oscuras.
5. Mire al suelo y sienta su conexión con la Madre Tierra. Dele las gracias por las bendiciones que le concede y por permitirle eliminar estos ataques.
6. Límpiese con la salvia y deje que el humo se lleve la negatividad.
7. Cierre los ojos y visualice un círculo protector que le rodea y le mantiene a salvo.

Puede realizar este ritual en su oficina para protegerse de los ataques psíquicos en el lugar de trabajo.

Escribir en un diario

No todos los sueños son mensajes del subconsciente. Puede experimentar ataques psíquicos mientras duerme en forma de pesadillas o terrores nocturnos. Las personas siempre son vulnerables en el mundo de los sueños, ya que no tienen control sobre sus acciones o su entorno.

Muchas personas no prestan atención a sus sueños, mientras que otras no los recuerdan, por lo que es posible que no sea consciente de que está experimentando estos ataques mientras duerme. Puede que se despierte agotado o estresado, pero no sepa por qué, o que recuerde su pesadilla, pero no piense mucho en ella.

Hacer un seguimiento de sus sueños puede protegerle de ataques psíquicos mientras duerme. Lleve un diario junto a su cama y anote todos sus sueños y pesadillas al despertarse, antes de que se le olviden. Escriba qué sintió en esos sueños, como miedo, tristeza o ira, y si esas emociones permanecen después de despertarse.

Si le cuesta recordar sus sueños, cada noche, antes de irse a dormir, rece al universo para que le ayude a recordarlos. Busque la protección de sus ángeles de la guarda o antepasados para que le mantengan a salvo en el mundo de los sueños cuando esté solo y desamparado. Pídales que le bendigan con sueños felices y luminosos, que le llenen de amor y consuelo. Puede escuchar ritmos biaurales mientras se duerme, escuchando dos tonos con frecuencias diferentes en cada oído. Este método lleva al cerebro a crear la ilusión de un tercer tono que mejora su memoria y atención y le hace relajarse.

Antes de dormir, repita este mantra:

"Queridos guías espirituales, por favor proporcionadme guía y protección en el mundo de los sueños".

Cortar el cordón y la cuerda de tierra

Puede realizar regularmente estas técnicas eficaces y sencillas. Practique el cordón terrestre por la mañana y el corte de cordón por la noche.

Ingredientes:
- Un recipiente con agua salada.

Instrucciones:
1. Antes de dormir, siéntese en su cama, cierre los ojos y visualice un cordón que sale de su vientre y le conecta con alguien o algo (puede ser la persona que ataca su energía o un objeto que cree que está causando ataques psíquicos).
2. Imagine que sus dedos son unas tijeras y corte el cordón que le une a la fuente de energía negativa que está afectando a su vida. Si hay más de una persona u objeto detrás de estos ataques, imagine múltiples cordones saliendo de cada uno de sus siete chakras conectándole a ellos, y corte cada uno individualmente.
3. Repita esta afirmación mientras corta las cuerdas:

"Libero los apegos energéticos para protegerme de la negatividad y los ataques psíquicos".

4. Después de cortar los cordones, visualice que los coloca en el cuenco de agua salada.

Instrucciones para el cordón de tierra:

1. Por la mañana, después de despertarse, siéntese cómodamente en el suelo y cierre los ojos.
2. Visualice uno o varios cordones que salen de su vientre y le conectan con la Tierra. Los cordones son nutritivos, flexibles y fuertes. Es uno con la Tierra, que le sostiene y le protege. Nada ni nadie es lo bastante fuerte como para cortar estas cuerdas o separarle de la Madre Tierra.

Fortalecer su aura

Instrucciones:

1. Sitúese en un lugar tranquilo y sin distracciones, cierre los ojos e inspire y espire profundamente.
2. Imagine que los colores de cada uno de sus siete chakras le rodean como ruedas.
3. Imagine que las ruedas se expanden con cada respiración hasta que se fusionan, creando un gran círculo de colores a su alrededor y protegiéndole de las energías externas.
4. Usted tiene el control de su campo áurico y nada puede entrar o salir sin su permiso.
5. Repita este mantra durante la visualización: *"Sólo permito que entren vibraciones positivas e impido que la negatividad se acerque a mí"*.

Deje que la luz le rodee

Instrucciones:

1. Siéntese cómodamente y visualice su corazón y el espacio que lo rodea como una llama blanca.
2. Respire profundamente e imagine que la llama crece con cada respiración hasta que se convierte en un gran círculo que le rodea y le protege.
3. La luz blanca sale de usted y forma parte de su ser. Se está protegiendo y esto le hace poderoso.
4. Repita este mantra: *"Estoy guiado y protegido. Soy la luz y nada puede tocarme"*.

Técnica de meditación nº 1

Instrucciones:

1. Siéntese en una habitación tranquila y sin distracciones.
2. Póngase cómodo y relaje el cuerpo y la mente.
3. Cierre los ojos y respire hondo varias veces hasta que su mente esté despejada.
4. Imagine que le rodea una burbuja de energía dorada.
5. La burbuja es transparente y actúa como un escudo contra la energía negativa.
6. Imagine que la energía negativa y oscura se acerca a usted, pero el escudo protector impide que entre.
7. Ahora, visualice que la energía positiva y amorosa se acerca y llena la burbuja dorada.
8. Repita estos pasos hasta que se sienta cómodo y crea que está protegido. La burbuja dorada está llena de energía positiva que le nutre y es lo suficientemente fuerte como para defenderse de los ataques psíquicos.

Técnica de meditación n.º 2

Instrucciones:

1. Busque un lugar tranquilo y sin distracciones.
2. Túmbese y cierre los ojos.
3. Respire profundamente y tómese unos minutos para disfrutar de la paz y la tranquilidad.
4. Despréndase de todas sus expectativas, preocupaciones, ansiedades y miedos.
5. Piense en cosas positivas y deje que le llenen de alegría, compasión y gratitud.
6. Respire hondo y suelte un largo suspiro.
7. Escanee su cuerpo para evaluar su energía.
8. Inspire positividad y espire negatividad durante un par de minutos.
9. Haga una pausa de un minuto.

10. Concéntrese en el chakra de la coronilla (la parte superior de la cabeza).
11. Visualice su energía como una luz brillante que brilla sobre su cabeza.
12. Ahora, la luz le rodea y se siente seguro.
13. Concéntrese en la luz.
14. No es la luz la que le protege; simplemente actúa como su límite, recordándole que tiene el control. No permitirá que entidades negativas entren en su espacio personal.
15. Imagine que la luz se acerca cada vez más a su cuerpo hasta convertirse en una capa extra de piel.
16. Piense en la energía que quiere abrazar, como el empoderamiento o la nutrición.
17. Haga una pausa.
18. Piense en la energía de la que quiere protegerse, como los pensamientos negativos, la culpa o la vergüenza.
19. Permítase controlar su energía, ya que ahora sabe lo que va a dejar entrar y lo que va a impedir que se le acerque.
20. Ahora es plenamente consciente de su energía y se dará cuenta si cambia o se ve atacada.
21. Su escudo forma parte de usted, así que manténgalo siempre en alto. Evite que la gente cruce la línea y ataque su energía.
22. Practique esta meditación todas las mañanas.

Visualización

Instrucciones:

1. Siéntese en una postura cómoda o túmbese en una habitación tranquila.
2. Coloque cuarzos rosas a su alrededor o sostenga uno en la mano.
3. Respire hondo varias veces y permanezca en silencio un rato.
4. Suelte la tensión y el estrés hasta que se sienta tranquilo y relajado.
5. Concéntrese en crear un escudo protector azul.
6. Establezca una intención. Diga:

   "Tengo la intención de crear un escudo protector de amor y luz divinos".

7. Imagine una pared de espejos que le rodea mirando hacia fuera. Así, si sufre un ataque psíquico, la energía negativa se reflejará hacia el exterior.
8. Su escudo está sellado para evitar que la energía no deseada le llegue.
9. Establezca una intención para que sólo el amor y la alegría le atraviesen, y sólo enviará vibraciones positivas al universo.
10. Está dentro del escudo. Imagine que la energía del cuarzo rosa le rodea y le abraza.
11. Sienta el escudo a su alrededor como si le diera un gran abrazo. Quédese un rato con él y repita su intención.

Manténgase alejado de las personas negativas

Si conoce a las personas que atacan su energía, evítelas en la medida de lo posible. Todos estos métodos son suficientemente poderosos para protegerle. Sin embargo, como cualquier escudo, puede debilitarse con la exposición constante a la negatividad. Si siente que su aura o energía se altera alrededor de ciertas personas, limite sus interacciones con ellas. Corte con ellas si es posible, o pase menos tiempo con ellas. Sin embargo, si se trata de alguien con quien tiene que interactuar a diario, como un familiar o su jefe, mantenga su escudo y lleve una gema o símbolo protector siempre que esté cerca de ellos. Coloque un cristal o una planta protectora en su escritorio si se trata de alguien con quien trabaja.

Cánticos

Cantar es otra poderosa defensa contra los ataques psíquicos. Cree un cántico que refleje su deseo de que el universo le proteja, escríbalo en su teléfono y léalo varias veces durante el día. Si no se le ocurre ningún cántico, utilice éste o alguno similar.

"Espíritus de los ancestros, ángeles guardianes y universo divino,

Estoy agradecido por la luz blanca limpiadora que me habéis otorgado, sanándome de toda la oscuridad y negatividad. Pido vuestra ayuda y guía para liberar todo lo que no me sirve y me hace daño. Por favor protege mi aura y espacio y solo permite que luz y energía amorosa fluya a través de mí. Te pido que me envíes energía sanadora para protegerme.

Gracias por todas tus bendiciones".
Afirmaciones
- Estoy protegido por una luz blanca.
- Sólo atraigo energía positiva, y la negatividad no tiene poder sobre mí.
- Los pensamientos y la energía positivos me rodean constantemente.
- Mi escudo protector impide que los pensamientos negativos se acerquen a mí.
- Estoy lleno de luz que me cura de la negatividad.
- Estoy rodeado de felicidad y no permito que las vibraciones negativas entren en mi espacio.
- Soy una fuerza de luz y amor; nada puede tocarme.
- Estoy conectado a la Madre Tierra; ella me protege de las energías oscuras.
- Libero la energía negativa a la Madre Tierra y sólo abrazo las vibraciones positivas.
- Soy fuerte. Los ataques psíquicos no me molestan.
- Soy un escudo andante y la energía negativa no puede alcanzarme.
- Mi cuerpo está lleno de positividad; no hay espacio para las energías oscuras.
- Mi escudo es poderoso. Nada ni nadie puede atravesarlo.
- Controlo mi campo áurico y no permito que nada ni nadie altere mi aura.
- Estoy rodeado de un poderoso campo protector.
- No permitiré que las influencias negativas de (nombre de la persona) lleguen a mí.
- (Nombre persona) no tiene poder sobre mí.
- (Nombre de la persona) no puede entrar en mi espacio.
- (Nombre persona) no puede impactar mi energía.
- No permitiré que nadie me influya.

- Estoy protegido contra las malas intenciones de los demás.
- Siempre encuentro mi poder y no dejo que nadie me lo quite.
- Libero todas las energías que no me pertenecen.
- Mi energía es mía; nadie puede alterarla ni quitármela.
- Envío vibraciones positivas al universo y recibo buenas vibraciones de vuelta.
- Recupero mi fuerza.
- Devuelvo la energía que me han quitado.
- Devuelvo las energías extrañas que no me sirven.
- La protección divina está bendiciendo mis habilidades psíquicas.
- Mi mente está a salvo de ataques psíquicos.
- Mis poderes psíquicos están creciendo y los controlo.
- Mi escudo es fuerte, los ataques psíquicos rebotan en él, y nada puede penetrarlo.
- Mi campo energético está protegido con luz divina, impidiendo que las influencias negativas me alcancen.
- Estoy protegido por una burbuja de luz; no permite que la negatividad me toque.
- Protejo mi mente de los ataques psíquicos.
- El universo es poderoso y me protege de los ataques psíquicos.
- La protección divina protege mi cuerpo, mente y espíritu de las influencias negativas.
- Mi ángel de la guarda protege mi cuerpo y mi alma.
- Mi ángel de la guarda está a mi lado, protegiéndome de los ataques psíquicos.
- La oscuridad no puede penetrar mi escudo protector.
- Mi ángel de la guarda me mantiene a salvo.
- Acepto la protección de mis guías espirituales.

Afirmaciones para proteger a sus hijos, mascotas y seres queridos

- Mis hijos son mi única prioridad y los mantendré a salvo.
- Coloco un campo de fuerza alrededor de mi familia; nada puede penetrarlo.
- Mis mascotas están rodeadas por un poderoso escudo protector.
- Mi familia, mis hijos, mis mascotas y yo somos amados y estamos a salvo.
- Rodeo a mi familia de amor y no permito que nadie les haga daño.
- Mi familia y yo somos fuertes juntos y nos protegemos mutuamente.
- Mi familia está a salvo de ataques psíquicos.
- Nadie puede herir o influenciar a mis seres queridos.
- Mis hijos y mascotas siempre están a salvo.
- Una luz blanca protectora rodea a mis hijos y los mantiene a salvo.
- Mis seres queridos están a salvo del daño de (nombre de la persona).
- Mis seres queridos están rodeados por un escudo protector.
- Un escudo de luz y amor mantiene a salvo a mis seres queridos.

Baños de sal para sus seres queridos

Proteja a sus hijos y familiares de los ataques psíquicos animándolos constantemente a tomar baños de sal.

Ingredientes:
- Sal.
- Lavanda.
- Bicarbonato sódico.

Instrucciones:
1. Limpie a fondo la bañera y despeje el cuarto de baño creando un ambiente relajante.

2. Añada algunos de sus objetos favoritos. Si este baño es para su hijo, añada su juguete favorito.
3. Puede añadir velas aromáticas, cristales protectores, plantas o difundir aceites esenciales; elija sus aromas favoritos.
4. Ponga música relajante.
5. Llene la bañera con agua tibia y añada la sal, la lavanda y el bicarbonato.
6. Anímelos a darse un baño de 20 a 30 minutos.

Proteger a alguien desde la distancia

No tiene que estar en la misma habitación que sus hijos, su mascota o su familia para protegerlos; puede protegerlos de los ataques psíquicos a distancia.

Instrucciones de visualización:
1. Siéntese en una silla cómoda, cierre los ojos y respire profundamente hasta que se sienta tranquilo y relajado.
2. Visualice a su ser querido rodeado de una luz blanca protectora.
3. Concéntrese en la imagen hasta que la vea con claridad.
4. Ahora, piense en un recuerdo feliz que haya compartido con él. Sienta la alegría que experimentasteis juntos ese día y deje que las vibraciones positivas fluyan.
5. Dedique un par de minutos a contemplar este sentimiento y su amor por ellos.
6. Imagine que estas emociones positivas tienen color, e imagine que salen de su cuerpo y entran en el escudo protector de la otra persona.
7. Repita: *"Mi ser querido está protegido por un poderoso escudo que sólo permite la entrada de energía amorosa".*

Consejos generales

- Sea consciente de su energía para saber cuándo está bajo ataques psíquicos.
- Concéntrese en ser emocionalmente estable y fuerte, para no ser vulnerable a la negatividad de otras personas.

- Nunca dude en buscar la ayuda de su ángel de la guarda o guía espiritual para que le proteja contra los ataques psíquicos.
- Siempre que piense en el atacante, visualice que lo baña con luz blanca pura mientras mantiene su escudo protector a su alrededor. Por muy tentador que sea, nunca le envíe los mismos pensamientos o energías que ellos le enviaron. Recuerde que es más fuerte que ellos, así que enfréntese a su miedo, odio, celos e ira con compasión, amor y comprensión.

No es una exageración decir que sufre regularmente ataques psíquicos. Protéjase a sí mismo y a sus seres queridos cada día para garantizar que la oscuridad y la negatividad de otras personas no le afecten. Trate al atacante con amor y luz. No se rebaje a su nivel ni ceda a la ira o al odio. Aunque no pueda controlar sus acciones, sí controla sus propias reacciones. Sea la mejor persona y devuelva estos ataques con energía positiva, protegiéndose, y quizás pueda traer luz a su oscuro mundo.

Incorpore estas técnicas a su rutina diaria. Aunque no tenga tiempo para meditar a diario, memorice algunas afirmaciones y repítalas al despertar o de camino al trabajo. Escríbalas en notas adhesivas y déjelas en varios lugares de la casa, para que su familia pueda repetirlas. Mantenga sus pensamientos positivos y rodéese a sí mismo y a sus seres queridos de energía amorosa.

Capítulo 10: Rituales para proteger su hogar

Aunque protegerse a sí mismo y a sus seres queridos contra los ataques psíquicos es esencial, no será suficiente si su hogar no está protegido. Imagine que tiene la gripe y toma medicación, pero está constantemente expuesto a personas enfermas. ¿Se recuperará alguna vez? Lo mismo ocurre si está rodeado de negatividad; acabará contagiándose de esas vibraciones. Su entorno debe ser un santuario que le mantenga protegido de los ataques psíquicos.

Este capítulo cubre varios métodos para proteger su hogar, espacio y altar de influencias y entidades negativas.

Proteger su hogar es tan importante como protegerse a sí mismo y a sus seres queridos[10]

Ritual de protección

Este ritual funciona para cualquier espacio físico. Es una técnica poderosa para dotar a su hogar de protección permanente, por lo que sólo necesita realizar este ritual una vez en la vida. Como un sistema de seguridad, le da el control sobre qué energías pueden entrar en su casa y cuáles no aceptará.

Ingredientes y utensilios:

- 4 tarros con tapa.
- 4 metales o cristales asociados al arcángel o deidad que está invocando. Por ejemplo, si invoca al arcángel Gabriel, utilice aguamarina o citrino. Si invoca a Uriel, utilice ojo de tigre o ámbar.
- 4 cristales asociados con su antepasado o animal espiritual.
- 4 cristales de aire como fluorita, cuarzo transparente, topacio amarillo, jaspe amarillo, apatita azul, barita o tanzanita.
- 4 cristales de fuego como granate, rubí, jaspe rojo, cornalina, hematites, ámbar, piedra solar o pirita.
- 4 cristales de agua como calcedonia azul, turquesa, crisocola, lapislázuli, amatista, crisoprasa o piedra lunar.
- 4 cristales de tierra como esmeralda, jade verde, ágata musgosa, peridoto, malaquita, obsidiana negra o turmalina negra.
- 3 hierbas secas a elección como lavanda, pétalos de rosa, enebro, salvia blanca, mirra, incienso, raíz de angélica, laurel, jengibre o canela.
- Fotos de sus antepasados.
- 1 vela negra y 1 vela blanca.
- 1 vela candelita roja.
- Un manojo de hierbas purificadoras como lavanda, salvia blanca, palo santo y cedro.
- 1 tazón de agua purificada con sal marina.

Instrucciones:

1. Despeje, limpie y organice su hogar y, a continuación, purifíquelo mediante un ritual de limpieza.

2. A continuación, limpie y proteja su espíritu.

3. Elija un lugar tranquilo y sin distracciones para su ritual, preferiblemente un altar. Limpie el altar antes de empezar.

4. Coloque todos los objetos en el altar para comenzar el ritual.

5. Siéntese en una postura cómoda, cierre los ojos e invoque a su ángel de la guarda o guía espiritual.

6. Establezca su intención. Diga:

    "Limpio y protejo mi hogar de energías e influencias negativas.

    negativas. Yo protejo mi hogar para que se convierta en un refugio seguro de salud, abundancia y paz. Sólo permitiré que el amor entre en mi hogar".

7. Encienda las velas blancas y negras con la intención de desterrar las influencias negativas. Deje que se consuman.

8. Encienda el manojo de hierbas y la vela candelita. Colóquelos en un plato o cuenco apto para el calor.

9. Abra la puerta de entrada, levante el plato para que el humo flote fuera de la casa y diga: *"Bendigo y purifico esta casa con fuego y aire".* A continuación, dibuje un pentagrama en el aire con el palo de la mancha.

10. Visualice la energía negativa saliendo por la puerta como si fuera humo mientras repite: *"Bendigo este hogar con fuego y aire".*

11. Mueva las hierbas ardientes en el sentido de las agujas del reloj para purificar el perímetro de su casa. Limpie las escaleras, las paredes, los suelos y todos los rincones de la casa. Dibuje un pentagrama en el aire cerca de todas las aberturas, como la chimenea, las ventanas, las puertas y los espejos.

12. Cuando haya terminado, vuelva a la puerta principal y repita: *"Esta casa está protegida por el fuego y el aire".*

13. Lleve el cuenco de agua salada a la puerta principal y repita: *"Bendigo mi casa con tierra y agua".*

14. Sumerja el dedo índice en el agua y dibuje un pentagrama en la puerta principal y en el marco de la puerta.

15. Visualice que toda la negatividad abandona su casa y sale por la puerta principal.

16. Limpie el perímetro de su casa caminando alrededor de ella en el sentido de las agujas del reloj, repitiendo: *"Purifico esta casa con tierra y agua"*, y rociando con agua el suelo y todos los rincones de la casa.
17. Sumerja el dedo en el agua y dibuje un pentagrama en el aire sobre todas las aberturas de la casa.
18. Cuando vuelva a la puerta principal, repita esta frase: *"Esta casa está protegida por la tierra y el agua".*
19. Vuelva a su altar y repita:

    "Limpio y protejo mi hogar de energías e influencias negativas. Yo protejo mi hogar para que se convierta en un refugio seguro de salud, abundancia y paz. Sólo permitiré que el amor entre en mi hogar".

20. A continuación, abra los frascos y ponga en cada uno un cristal de aire, uno de fuego, uno de agua, uno de tierra, una cucharadita de hierbas secas, un cristal asociado al arcángel que está invocando y una piedra asociada a su antepasado o animal espiritual.
21. Sujete cada ingrediente, sople suavemente sobre él, dele tres golpecitos y repita "despierta" para despertar sus poderes curativos. A continuación, repita *"(nombre el ingrediente) refuerza la guardia protectora alrededor de mi casa"* antes de echarlo en el tarro.
22. Invoque a un arcángel asociado al cristal antes de introducirlo en el frasco, dígale que busca sus poderes protectores y haga una ofrenda a cambio de su ayuda.
23. Escriba los nombres de sus antepasados en un papel y colóquelo cerca de uno de los tarros con sus fotos.
24. Pídales su protección y que mantengan a salvo su hogar.
25. Puede hacer una ofrenda a sus antepasados, como su bebida favorita, comida o flores, para apaciguarlos.
26. Invoque a sus antepasados del mismo modo que invocó al arcángel.
27. Después de poner todos los ingredientes en los tarros, ciérrelos bien.
28. Sujete cada jarra y repita:

"Esta es una protección. Que proteja el lado norte de mi hogar y lo convierta en un refugio seguro de salud, abundancia y paz. Sólo permitiré que el amor entre en mi hogar".

29. Repita el paso anterior con cada frasco y diga la misma intención mencionando una dirección diferente cada vez (este, oeste y sur).
30. Golpee cada tarro con el dedo índice en el sentido de las agujas del reloj y repita: *"Seguridad, salud, abundancia y paz".*
31. Visualice un cono de energía encima de cada tarro, alimentándolo y nutriéndolo para proteger su hogar.
32. Coloque un tarro en la esquina norte de la casa y los otros tres en el este, oeste y sur mientras visualiza hilos saliendo de cada tarro, haciendo un gran círculo que abarque toda la casa. (Puede colocar los tarros detrás de los muebles o enterrarlos en el exterior).
33. Regrese al altar, exprese su gratitud y libere todas las energías y seres que convocó.

Hierbas y sal

Ingredientes:
- 1 taza de sal marina.
- ¼ taza de romero, frambuesa, canela, laurel, pimienta y clavo.

Instrucciones:
1. Mezcle los ingredientes en un cuenco pequeño.
2. Coloque el cuenco en su altar o en la puerta de la habitación que quiera proteger.

Ritual de la sal

Ingredientes y utensilios:
- Sal rosa del Himalaya.
- Hojas de laurel secas.
- Romero seco.
- Eneldo seco.
- Caldero o cuenco ignífugo.

- Bolígrafo y papel.

Instrucciones:

1. Escriba la palabra "Proteger" en un trozo de papel y colóquelo en el cuenco o caldero ignífugo.
2. Cubra el trozo de papel con la sal y las hierbas secas.
3. Coloque la mano sobre el cuenco y visualice que la energía negativa abandona su casa y que un gran círculo blanco la envuelve, protegiéndola de los ataques psíquicos.
4. A continuación, queme el papel, la sal y las hierbas.
5. Una vez quemadas, espere a que se enfríen y tritúrelas en trozos más pequeños.
6. Métalos en un tarro de cristal y colóquelo en cualquier lugar de su casa.

Este ritual mantendrá su casa segura durante todo un año, así que puede practicarlo una vez al año para proteger su hogar de influencias negativas.

Practicar yoga

El yoga siempre ha sido un arma eficaz contra la negatividad, ya que reduce la depresión, el estrés y la ansiedad. Tiene el mismo efecto en los espacios físicos. Practique yoga en diferentes espacios de la casa, como cerca de su altar o en una habitación que quiera proteger con la intención de escudarla de la energía negativa.

Ritual de protección de luna llena

La luna llena simboliza el crecimiento y la protección. Los rituales de protección durante esta época son extremadamente poderosos, ya que la energía lunar es un arma poderosa contra la negatividad.

Instrucciones:

1. Durante la luna llena, busque un lugar tranquilo en el patio, el jardín o una habitación interior con una ventana abierta para poder ver la luna.
2. Limpie el espacio con el ritual de la salvia blanca.
3. A continuación, siéntese cómodamente, cierre los ojos y respire hondo varias veces.

4. Establezca la intención de proteger su hogar contra las entidades oscuras.
5. Medite brevemente y sienta cómo la energía de la luna le inunda a usted y a su hogar.
6. Aclare sus pensamientos y sienta cómo se relajan su cuerpo y su mente.
7. Abra los ojos y escriba en un papel contra qué quiere proteger su hogar. Repítalo en voz alta.
8. Sostenga un cristal de cuarzo transparente en la mano y cierre los ojos.
9. Visualice que la negatividad sale por la puerta principal y que la luna proyecta una enorme burbuja protectora alrededor de su hogar.
10. Permanezca con esta imagen durante unos minutos. Termine la sesión expresando su gratitud.

Ritual de hierbas

Ingredientes:
- Hierbas secas como pimienta, tronos de arándano, raíz de bardana, hojas de laurel, hojas de albahaca, clavo y canela.

Instrucciones:
1. Añada todas o algunas de las hierbas en una bolsita blanca.
2. Establezca una intención con cada hierba: *"Esta hierba bendecirá mi hogar y lo protegerá de ataques psíquicos"*.
3. Ate la bolsita con un hilo negro o rojo y repita su intención.
4. Cuelgue la bolsita en la puerta de su casa.

Ritual de las velas

Puede utilizar velas de tarro, velas candelita o velas normales. Sin embargo, las velas de tarro son la mejor opción.

Utensilios:
- 1 tarro de vela.
- Hierbas secas como lavanda, albahaca, laurel, canela, romero y salvia.
- Marcador.

Instrucciones:

1. Limpie la vela con un ritual de purificación.
2. Escriba la palabra "Proteger" en el tarro de la vela.
3. Encienda la vela y déjela unos minutos.
4. A continuación, esparza las hierbas sobre la vela mientras establece una intención del tipo: *"Tengo la intención de que estas hierbas protejan mi hogar de influencias negativas"*.
5. Deje que la vela arda durante una hora y apáguela.
6. Enciéndala todos los días o cada pocos días para mantener su hogar a salvo.

Ritual de símbolos

Instrucciones:

1. Dibuje un símbolo protector como el ojo de Horus, la mano de Hamsa, el muérdago, el pentáculo u otro símbolo en el tarro de una vela.
2. Encienda la vela y siéntese frente a ella, mirando fijamente la llama.
3. Visualice un círculo protector que sale de la llama rodeando su casa y protegiéndola de ataques psíquicos.

Ritual de runas

Las runas son el alfabeto de la mitología nórdica. Se compone de veinticuatro letras y todas tienen poderes divinos.

Utensilios:

- Piedra plana.
- Ilustraciones de runas protectoras como Algiz, Tiwaz, Ehwaz, Eihwaz, Ingwaz y Thurisaz.

Instrucciones:

1. Siéntese en una habitación tranquila y tómese unos minutos para aclarar sus ideas.
2. Esculpa las runas en la piedra plana mientras permanece concentrado y presente en el momento.
3. Establezca una intención para que estas runas cumplan su propósito y protejan su hogar.

4. Cuando termine de tallarlas, pase las manos por encima de las runas mientras piensa en proteger su hogar.
5. Elija la runa que considere lo suficientemente poderosa como para proteger su hogar y defenderlo de ataques psíquicos. Siga su instinto, ya que la runa correcta le llamará.
6. Una vez que la encuentre, estudie su forma.
7. Siéntese cómodamente, cierre los ojos y respire hondo varias veces.
8. Visualice la runa proyectando una luz blanca protectora alrededor de su casa.
9. Siéntese con esta imagen durante un rato.
10. También puede tallar la runa en monedas y colgarlas en la puerta de entrada o en cualquier otro lugar de la casa.

Meditación Trataka

Trataka es una antigua técnica de meditación que suele practicarse durante una sesión de yoga. Consiste en mirar intensamente, concentrarse y estar presente en el momento.

Instrucciones:

1. Coloque una vela en el suelo y enciéndala.
2. Siéntese cómodamente frente a la vela.
3. Mírela durante tres minutos sin parpadear; puede programar un temporizador de antemano.
4. Espere que sus ojos lloren.
5. Después de tres minutos, cierre los ojos y aparecerá la imagen de la llama de la vela.
6. Siéntese con esta imagen durante un rato hasta que desaparezca.
7. Abra los ojos y mire fijamente el vacío que hay entre dos objetos cualesquiera de la habitación.
8. Este vacío representa la negatividad dentro de su casa.
9. Cierre los ojos y visualice este vacío encogiéndose y desapareciendo para siempre.

Ritual de los cristales

Utensilios:
- Cuatro turmalinas negras (o cualquier cristal negro).

Instrucciones:
1. Para que este ritual funcione, practique primero la meditación de conexión a tierra.
2. Siéntese en una postura cómoda y cierre los ojos.
3. Inhale y exhale profundamente, concentrándose en su respiración y en el movimiento de su pecho.
4. Visualice una luz blanca procedente de arriba que entra en su cuerpo a través del chakra de tierra.
5. Imagine que la luz desciende por su columna vertebral, sale por sus pies y desaparece en la Tierra.
6. Sienta cómo la negatividad de su cuerpo desciende por la columna vertebral, sale por los pies y desaparece en la Tierra.
7. A continuación, visualice la luz blanca y pura de la Tierra entrando en su cuerpo a través de los pies.
8. Sienta cómo le envuelve la protección de la Tierra y repita: *"Conecto con la Madre Tierra y ella me cubre con su protección"*.
9. Termine esta sesión expresando su gratitud a la Madre Tierra y abra los ojos.
10. Ahora está preparado para practicar el ritual de los cristales.
11. Sujete los cuatro cristales negros y levántelos hacia la zona del entrecejo (el chakra del tercer ojo).
12. Establezca su intención si quiere proteger su casa, una habitación específica o su altar. Diga: *"Programo este cristal para proteger mi espacio de la energía negativa"*.
13. Coloque cada uno de los cristales en un rincón diferente de la casa. Asegúrese de colocar uno en la puerta principal para proteger su hogar de las influencias negativas.

Cebolla trenzada

Ingredientes:

- Cebollas con la parte superior verde.
- 4 pies de cordel.

Instrucciones:

1. Doble el cordel por la mitad y haga un nudo en su extremo para crear un lazo.
2. Coloque el cordel sobre una superficie plana y ponga una cebolla boca abajo. Las puntas verdes deben formar una tercera cuerda junto a los dos extremos libres del cordel.
3. Haga una trenza apretada con los tres hilos.
4. A continuación, trence el resto de las cebollas con el cordel, concentrándose en su intención. Diga: *"Estoy haciendo este amuleto para proteger mi hogar y mantener a raya la energía negativa"*.
5. Cuélguelos en la puerta de su casa o en la pared de la habitación que quiera proteger.

Ritual del encantamiento

Ingredientes:

- Romero o milenrama.
- 1 cristal protector, como malaquita, turmalina negra o cuarzo ahumado.
- 1 símbolo protector, como las lanzas cruzadas o la mano Hamsa.
- Una bolsa pequeña, preferiblemente negra.

Instrucciones:

1. Practique la meditación de conexión a tierra antes de realizar este ritual.
2. A continuación, coloque cada objeto en la bolsa mientras visualiza una luz blanca protectora que emana de ellos, creando una burbuja protectora alrededor de su hogar. La burbuja sólo permite la entrada de energías positivas y amorosas y mantiene a raya la oscuridad y la negatividad.

3. Cuando haya metido todos los objetos en la bolsa, coloque la mano sobre ella. Repita el mantra de protección de Kundalini:

Aad Guray Nameh, *"Invoco a la sabiduría primordial, me inclino ante la verdad que ha existido durante siglos, convoco a la verdadera sabiduría, me inclino ante la sabiduría Divina".*

4. Siga repitiendo el mantra hasta que sienta que la energía cambia.

5. Coloque la bolsa en la habitación que quiera proteger.

Rezar a los Cuatro Elementos

Instrucciones:

1. Siéntese en una postura cómoda y respire hondo varias veces.

2. Una vez que se sienta centrado y tranquilo, repita este canto tres veces:

"Elementos del día y elementos del sol, os suplico que vengáis a mi encuentro. Invoco a los poderes del día y de la noche, y os ruego que protejáis mi hogar".

3. Cierre los ojos y visualice una bola dorada de energía que rodea su casa y se hace más grande y fuerte cada vez que canta.

Afirmaciones

- Mi hogar está protegido y vigilado.
- Mi hogar me mantiene a salvo y seguro.
- Ninguna energía no deseada puede entrar en mi hogar.
- Sólo el amor y la luz pueden entrar en mi hogar.
- El universo coloca un escudo alrededor de mi hogar.
- Las vibraciones positivas rodean mi espacio.
- Mi hogar me protege.
- El universo impide que la negatividad entre en mi casa.
- Libero toda la energía no deseada de mi hogar.
- La positividad y el amor emanan de mi hogar.
- Evito que la energía negativa entre en mi espacio.
- El universo está haciendo de mi hogar un refugio seguro.
- No se permite la negatividad en mi hogar.

- Un fuerte campo protector envuelve mi hogar; nada puede entrar.
- Todas las influencias negativas son liberadas de mi hogar.
- En mi espacio no hay lugar para el miedo y la ansiedad.
- Sólo las vibraciones positivas son bienvenidas en mi casa.
- Mi espacio emite positividad y paz.
- Mi espacio está protegido de las malas vibraciones.
- Mi hogar protege mi energía.
- Mis seres queridos están seguros en mi hogar.
- Estoy agradecido por la energía positiva que protege mi espacio.
- La protección divina mantiene mi hogar seguro.
- Mi hogar es un imán que sólo atrae amor y positividad.
- Estoy protegido de las influencias negativas.
- Agradezco la protección divina.
- Elijo sentirme seguro en mi espacio.
- La mala energía no puede penetrar el escudo de mi hogar.
- Estoy seguro en mi entorno.
- Nada malo puede suceder. Mi espacio me mantiene a salvo.
- Doy la bienvenida a la protección del universo.
- Mi hogar vibra con energía positiva.
- No tengo miedo. Me siento seguro en mi entorno.
- Limpio mi espacio de influencias negativas.
- Mi hogar es mi límite; me mantiene a salvo.
- Libero la negatividad de mi casa para liberar espacio para el amor y la abundancia.
- Nada puede entrar en mi casa sin mi permiso.
- Mi casa sólo acoge energía positiva.
- La energía protectora guarda mi espacio.
- La positividad y la sabiduría rodean mi espacio.

- Mi casa está libre de energías negativas.
- Mi ángel de la guarda vigila mi espacio.

Las influencias negativas pueden introducirse fácilmente en su hogar. Practique cualquiera de estos rituales siempre que sienta un cambio de energía o que las malas vibraciones se están apoderando de su espacio. Proteja siempre su hogar colocando símbolos protectores, cristales, hierbas o una trenza de cebolla alrededor de su casa.

Conclusión

Ha llegado al final de este libro y está significativamente más informado sobre su energía psíquica y la de los que le rodean, en particular sobre las energías y ataques negativos. Incluso cuando está seguro de estar en un espacio y energía positivos, la negatividad puede atacarle, *pero ahora sabe cómo lidiar con ella.*

Los ataques psíquicos pueden afectar significativamente a su estado de ánimo y a su salud mental y física. Pueden bajar la vibración de su hogar y propagar la negatividad a todos los aspectos de su vida. Evitar la energía negativa no es realista, ya que las personas y los objetos transportan malas vibraciones que le influyen a diario. Sin embargo, la práctica de ciertos rituales de limpieza y el trabajo espiritual pueden protegerle de la negatividad y las bajas vibraciones.

El libro empezaba explicando el concepto de ataques psíquicos y energía negativa. Proporcionaba ejercicios para que pudiera entender mejor cómo funciona la energía, y luego se hablaba de la protección psíquica y sus muchos beneficios.

No puede protegerse contra los ataques psíquicos sin antes elevar su vibración y agudizar sus habilidades psíquicas. El segundo capítulo le proporcionó múltiples instrucciones y consejos, incluyendo ejercicios de respiración, meditación y técnicas de visualización para preparar su psique para la protección. Su alma y su karma también requieren una limpieza para limpiar las energías e influencias del pasado, de modo que esté preparado para recibir energía positiva. El libro incluye técnicas eficaces para purificar el alma y analiza el concepto de karma, cómo lo alteran las influencias externas y qué se puede hacer para protegerse.

La energía negativa puede afectar al hogar, las mascotas y la familia. El libro explica cómo identificar la energía negativa en el hogar y proporciona múltiples rituales de limpieza que se pueden llevar a cabo para limpiar el espacio y a los seres queridos.

La palabra "aura" se menciona a menudo durante los debates sobre la psique y el trabajo espiritual. El libro explica con detalle este concepto y su conexión con el alma. La energía negativa es lo suficientemente poderosa como para dañar el aura. En el libro se habla de identificar cuándo está dañada y de varias técnicas de curación. Explica la importancia de un aura fuerte contra los ataques psíquicos.

Todas las personas tienen un ángel de la guarda que les ayuda, protege y guía. El libro explica el papel de estos ángeles en su vida y cómo puede invocarlos para defenderse a sí mismo o a un ser querido contra los ataques psíquicos.

Después de proporcionar toda la información para prepararse para la protección, la segunda parte del libro se centra en la autodefensa contra los ataques psíquicos, presentando símbolos, plantas, cristales y sus propósitos protectores. A continuación, se centra en las maldiciones, los maleficios y los apegos no deseados, definiendo cada concepto y cómo reconocer si es una víctima. Contiene múltiples rituales y métodos para romper estos hechizos.

Está constantemente expuesto a ataques psíquicos dondequiera que vaya, pero si puede protegerse contra estas influencias, puede mantenerte usted y sus seres queridos a salvo. La última parte del libro se centraba en técnicas de protección para su familia y sus mascotas. Proporciona rituales de protección para proteger su hogar, su espacio y su altar.

Déjese guiar por este libro y utilice todos los rituales, consejos y técnicas mencionados para protegerse a sí mismo y a todo lo que aprecia de los ataques psíquicos.

Vea más libros escritos por Mari Silva

Su regalo gratuito

¡Gracias por descargar este libro! Si desea aprender más acerca de varios temas de espiritualidad, entonces únase a la comunidad de Mari Silva y obtenga el MP3 de meditación guiada para despertar su tercer ojo. Este MP3 de meditación guiada está diseñado para abrir y fortalecer el tercer ojo para que pueda experimentar un estado superior de conciencia.

https://livetolearn.lpages.co/mari-silva-third-eye-meditation-mp3-spanish/

¡O escanee el código QR!

Referencias:

El Colegio de Estudios Psíquicos: Enlighten: Qué es un ataque psíquico. (s.f.). El Colegio de Estudios Psíquicos. https://www.collegeofpsychicstudies.co.uk/enlighten/what-is-a-psychic-attack/

Leigh, J. (2018, 31 de mayo). Protección psíquica. Espiritualidad y salud. https://www.spiritualityhealth.com/articles/2018/05/31/psychic-protection

Mara. (2011, 22 de julio). Límites y protección psíquica. WholeSpirit → Consejera chamánica ∴ Consultora intuitiva ∴ Sanadora energética ∴ Evolución personal a través de la sanación chamánica basada en la naturaleza y la formación chamánica. https://www.wholespirit.com/boundaries-and-psychic-protection/

Límites y protección psíquica ∴ WholeSpirit. (2011, 22 de julio). WholeSpirit → Consejera chamánica ∴ Consultora intuitiva ∴ Sanadora energética ∴ Evolución personal a través de la sanación chamánica basada en la naturaleza y la formación chamánica; Whole Spirit LLC. https://www.wholespirit.com/boundaries-and-psychic-protection/

Earthmonk. (2022, 7 de enero). 8 poderosas formas de proteger tu energía espiritual. Earthmonk. https://earthmonk.guru/8-powerful-ways-to-protect-spiritual-energy/

Insight Network, Inc. (s.f.). Insight timer - #1 Aplicación de meditación gratuita nº 1 para dormir, relajarse y mucho más. Insighttimer.com. https://insighttimer.com/stevenobel/guided-meditations/psychic-protection-meditation

Leigh, J. (2018, 31 de mayo). La protección psíquica. Espiritualidad y salud. https://www.spiritualityhealth.com/articles/2018/05/31/psychic-protection

Stardust, L. (2019, 28 de mayo). Cómo usar la magia para desterrar a los vampiros energéticos. Teen Vogue. https://www.teenvogue.com/story/how-to-use-magic-to-banish-energy-vampires

Por qué la protección es importante en la curación y el trabajo psíquico. (2022, 10 de marzo). Giancarlo Serra. https://www.giancarloserra.org/why-protection-is-important-in-healing-and-psychic-work/

Zukav, G. (2015, 1 de abril). Cómo proteger tu energía espiritual. Oprah.com. https://www.oprah.com/inspiration/protecting-your-spiritual-energy

Cass. (2022, 7 de agosto). 5 meditaciones para elevar tu vibración. Manifestando Armonía. https://manifestingharmony.com/tools/meditations-to-raise-your-vibration/

Coughlin, S. (2015, 21 de octubre). 5 consejos aprobados por médiums para desarrollar tus propios poderes psíquicos. Refinery29.com; Refinery29. https://www.refinery29.com/en-us/how-to-improve-intuition

Cronkleton, E. (2018, 15 de mayo). ¿Qué es la aromaterapia y cómo me ayuda? Healthline. https://www.healthline.com/health/what-is-aromatherapy

Estrada, J. (2019, 11 de septiembre). Lo que realmente significa elevar tu energía vibracional-más 12 maneras de hacerlo. Well+Good. https://www.wellandgood.com/vibrational-energy/

¿Cómo elevar tu vibración al instante? (2021, 21 de mayo). Blog del Diario de India. https://timesofindia.indiatimes.com/readersblog/theenchantedpen/how-to-raise-your-vibration-instantly-32251/

Irven, J. (2020, 29 de marzo). 19 maneras de elevar tu vibración - sustainable bliss. Sustainable Bliss | Autocuidado y vida intencional. https://www.sustainableblissco.com/journal/raising-your-vibration

Jones, E. (2009). Aromatherapy. En Masaje para terapeutas (pp. 163-178). Wiley-Blackwell.

Mahakatha, A. (2023, 16 de enero). La mejor meditación guiada para elevar la vibración. Blog de Mahakatha. https://mahakatha.com/blog/best-guided-meditation-to-raise-vibration

McGinley, K. (2019, 18 de septiembre). Cómo elevar tu vibración emocional y espiritual. Chopra. https://chopra.com/articles/a-complete-guide-to-raise-your-vibration

Raypole, C. (2021, 5 de mayo). Meditación Metta para el día de la madre.

Rebecca Joy Stanborough, M. F. A. (2020, 13 de noviembre). ¿Qué es la energía vibracional? Healthline. https://www.healthline.com/health/vibrational-energy

Rose, S. (2022, 28 de febrero). 15 maneras de elevar tus vibraciones. Sahara Rose. https://iamsahararose.com/blog/a-guide-on-how-to-raise-your-vibrations/

Sara. (2021, 10 de abril). 35 afirmaciones para elevar tu vibración al instante. Spiritvibez. https://spiritvibez.com/35-affirmations-to-raise-your-vibration/

Las 4 mejores prácticas de respiración para elevar tu vibración. (2020, 20 de mayo). YogaVibes. https://www.yogavibes.com/blog/meditation-pranayama/raise-vibration-breathing-practice/

¿Qué es el reiki y funciona realmente? (2021, 30 de agosto). Clínica Cleveland. https://health.clevelandclinic.org/reiki/

Enseñanzas budistas básicas - III. (2021, 14 de abril). Theravada. https://www.theravada.gr/en/about-buddhism/understanding-karma/

Darren. (2012, 7 de marzo). Las 4 dimensiones de la energía: Física, emocional, mental y espiritual. UpStartist. https://upstartist.tv/mba/the-4-dimensions-of-energy/

¿Te sientes estancado? 14 métodos de limpieza espiritual para despejarlo. (2023, 24 de febrero). Mindbodygreen. https://www.mindbodygreen.com/articles/spiritual-cleansing

Thomas, P. (2019, 9 de octubre). Tus 4 tipos de energía. Autoayuda para la vida. https://selfhelpforlife.com/master-your-energy/

(N.d.-a). Yogabasics.com https://www.yogabasics.com/connect/yoga-blog/spiritual-cleansing/

(N.d.-b). Goop.com https://goop.com/wellness/spirituality/the-four-bodies/

6 maneras de purificar tu espacio - KonMari. (2019, 12 de noviembre). KonMari | El sitio web oficial de Marie Kondo; KonMari Media, Inc. https://konmari.com/home-purification/

10 maneras fáciles de limpiar tu casa de energía negativa. (2012, 3 de abril). Mindbodygreen. https://www.mindbodygreen.com/articles/how-to-cleanse-your-home-of-negative-energy

Bunch, E. (2019, 3 de abril). 4 maneras de establecer la intención correcta para su hogar con una oración de limpieza. Well+Good. https://www.wellandgood.com/prayer-to-say-when-saging-your-house/

Davis, F. (2022, 11 de abril). Protección espiritual para mascotas: Blinda a tu perro o gato con energía positiva. Karma y suerte. https://www.karmaandluck.com/blogs/news/spiritual-pet-protection

Helena. (2021, 24 de enero). Cómo construir un altar en casa para el autocuidado espiritual. Desorientar.

Cómo limpiar la energía negativa alrededor del bebé o de los niños mayores. (s.f.). Ve con Armonía. https://www.gowithharmony.com/clear-negative-energy-around-baby.html

Jay, S. (2022, 3 de agosto). 6 rituales de limpieza para ti y tu hogar. Revoloon. https://revoloon.com/shanijay/cleansing-ritual

Oaks, M. (2020, 29 de septiembre). Limpieza de la casa: Una lista de verificación para limpiar la mala energía de su hogar. Redfin | Consejos inmobiliarios para la compra, venta y mucho más; Redfin. https://www.redfin.com/blog/clearing-bad-energy-from-your-home/

PURNAMA. (2020, 15 de julio). Jak okadzać dom by pozbyć się negatywnej energii? PURNAMA.

Sanna. (2021, 27 de abril). Cómo Limpiar la Energía de tu Espacio usando Incienso. SANNA Concepto Consciente. https://sannaconsciousconcept.com/how-to-cleanse-the-energy-in-your-space-using-incense

Stewart, T. (2021, 17 de octubre). Paso a paso: Cómo limpiar un espacio (energética y espiritualmente). Alma caprichosa. https://whimsysoul.com/how-to-cleanse-a-space-energetically-and-spiritually/

La importancia de purificar y limpiar tu espacio antes de una gran mudanza. (2021, 23 de febrero).

Cura de pequeños carbones para limpiar la energía negativa que has absorbido de otras personas. (s.f.). Ve con Armonía. https://www.gowithharmony.com/cure-to-clear-negative-energy.html

Tuttle, C. (2020, 19 de octubre). 2 técnicas para proteger a tu hijo de la energía negativa. Carol Tuttle. https://ct.liveyourtruth.com/2-techniques-to-protect-your-child-from-negative-energy/

Por qué es importante la limpieza energética (y cómo hacerla). (sin fecha). AUTORA KAREN FRAZIER. https://www.authorkarenfrazier.com/blog/why-energy-cleansing-is-important-and-how-to-do-it#/

(sin fecha). Yogabasics.com. https://www.yogabasics.com/connect/yoga-blog/clear-negative-energy/

7 maneras de resetear tu energía y limpiar tu aura cuando te sientes bloqueado. (2022, 21 de septiembre). Mindbodygreen. https://www.mindbodygreen.com/articles/aura-cleansing

Marley, C. (2018, 25 de noviembre). Cómo limpiar el aura. Recursos y artículos sobre salud mental | Plumm; Plummhealth. https://blog.plummhealth.com/fundamental-concepts/8-ways-to-cleanse-your-aura-from-negativity/

Tanaaz. (2016, 26 de abril). Las 7 capas de tu aura. Forever Conscious. https://foreverconscious.com/7-layers-aura

¿Quién robó mi energía? Cómo afectan a tu aura las personas difíciles. (2012, 26 de julio). Mindbodygreen. https://www.mindbodygreen.com/articles/how-difficult-people-affect-your-aura-energy

(Sin fecha). Goop.com. https://goop.com/wellness/spirituality/healing-your-aura/

Bernstein, G. (2019, 22 de diciembre). Una introducción Spirit Junkie a los Arcángeles y los Ángeles Guardianes. Gabby Bernstein. https://gabbybernstein.com/angels/

pakosloski. (2022, 6 de abril). Oración del Ángel de la Guarda para protección espiritual. Aleteia - Espiritualidad católica, estilo de vida, noticias del mundo y cultura. https://aleteia.org/2022/04/06/guardian-angel-prayer-for-spiritual-protection/

Insight Network, Inc. (s.f.). Protección psíquica con el Arcángel Miguel. Insighttimer.Com. https://insighttimer.com/sarahhall444/guided-meditations/psychic-protection-with-archangel-michael

Richardson, T. C. (2021, 25 de mayo). Cómo conocer a tus ángeles de la guarda y liberar su poder. Mindbodygreen. https://www.mindbodygreen.com/articles/how-to-get-to-know-your-guardian-angels

Megan, M. (2020, 5 de octubre). Ángel Divino Invocación Sigils - Magick Megan. Medium. https://medium.com/@matohinlef7/divine-angel-summoning-sigils-b75c2d70b620

eskarda. (2021, 18 de agosto). 5 cristales para protegerse de la energía negativa. Yoga Journal. https://www.yogajournal.com/lifestyle/crystals-for-protection/

Skon, J. (2023, 13 de enero). 6 cristales para protegerte de la gente tóxica y la energía negativa. Mindbodygreen. https://www.mindbodygreen.com/articles/crystals-for-protection

Las 15 mejores plantas espirituales. (2020, 24 de diciembre). Blog Floweraura. https://www.floweraura.com/blog/plants-care-n-tips/top-10-spiritual-plants

Growing, B. (2021, 31 de agosto). Cómo Usar Plantas de Interior para la Protección Espiritual (14 Plantas). Cultivo de judías. https://www.beangrowing.com/houseplants-for-spiritual-protection/

Vierck, J. (2022, 23 de marzo). Los 8 símbolos de protección más poderosos y cómo usarlos. Karma y suerte. https://www.karmaandluck.com/blogs/news/8-powerful-protection-symbols-how-to-use-them

Wang, C. (2022, 10 de mayo). 7 símbolos de Protección Espiritual y sus Significados. Buda y Karma. https://buddhaandkarma.com/blogs/guide/spiritual-protection-symbols-meaning

Jennifer McVey, C. (2022, 14 de junio). Cómo hacer sellos. WikiHow. https://www.wikihow.com/Make-Sigils

Centro Espiritual Kallima - Boletín - Julio/Agosto 2020. (sin fecha). Flipbuilder.Com. https://online.flipbuilder.com/yjll/isyd/files/basic-html/page15.html

Wood, T. (2021, 21 de octubre). 10 señales de ataque espiritual. Iglesia Evergreen. https://evcsj.org/2021-10-21-10-signs-of-spiritual-attack/

6 maneras fáciles de romper una maldición mágica o maleficio. (2022, 5 de marzo). Brujería ecléctica. https://eclecticwitchcraft.com/break-a-magic-curse-or-hex/

Rose, M. (2022, 8 de diciembre). StyleCaster. StyleCaster. https://stylecaster.com/how-to-use-protection-magic/

Alex. (2021, 1 de octubre). 83 afirmaciones positivas para la protección espiritual (energía psíquica). Manifest Like Whoa! https://manifestlikewhoa.com/positive-affirmations-spiritual-protection/

Avantika. (2020, 23 de diciembre). 9 formas probadas de protegerse de los Ataques psíquicos. BigBrainCoach. https://bigbraincoach.com/psychic-attacks/

Cinco formas de protegerse de los ataques psíquicos. (s.f.). Gaia. https://www.gaia.com/article/protect-yourself-from-psychic-attacks

Cómo crear un escudo energético personal para protegerse - coach de la abundancia para mujeres de negocios. (2022, 23 de febrero). Coach de la Abundancia para Mujeres de Negocios | Evelyn Lim. https://www.evelynlim.com/how-to-create-a-personal-energy-shield-for-protection/

Cómo emborronar o realizar una ceremonia de limpieza de espacios en tu hogar. (2019, 23 de octubre). Glad.Is. https://glad.is/blogs/articles/how-smudge-or-hold-a-space-clearing-ceremony-in-your-home

Milazzo, N. (2022). Análisis e investigación de ritmos binaurales. https://examine.com/other/binauralbeats/

Productos originales. (2021, 18 de mayo). Protección espiritual contra ataques psíquicos. Botánica original; http://www.originalbotanica.com#creator https://originalbotanica.com/blog/spiritual-protection-against-psychic-attacks

Pawula, S. (2011, 17 de septiembre). Cómo crear una burbuja de autoprotección. Siempre Bien Dentro. https://www.alwayswellwithin.com/blog/2011/09/18/vulnerability-and-protection

Peterson, K. (2020, 5 de septiembre). Baño espiritual: Limpieza energética DIY. Balance. https://www.balance-withus.com/blog/spiritual-bath-diy-energy-cleanse/

Sangimino, M. (2020, 20 de julio). Guion de meditación: Protegiendo tu energía. Alma y Mar. https://medium.com/soul-sea/meditation-script-protecting-your-energy-243d7929af3d

Tanaaz. (2015, 11 de marzo). 9 formas de protegerte de los ataques psíquicos. Forever Conscious.

https://foreverconscious.com/9-ways-to-protect-yourself-from-psychic-attacks

El Colegio de Estudios Psíquicos: Enlighten: Qué es un ataque psíquico. (s.f.). El Colegio de Estudios Psíquicos. https://www.collegeofpsychicstudies.co.uk/enlighten/what-is-a-psychic-attack/

6 cristales para protegerte de la gente tóxica y la energía negativa. (2020, 11 de febrero). Mindbodygreen. https://www.mindbodygreen.com/articles/crystals-for-protection

9 poderosos cristales del elemento Aire para la inspiración. (2021, 15 de noviembre). Alquimia de cristales. https://crystalsalchemy.com/air-element-crystals

9 poderosos cristales del elemento Tierra para la abundancia. (2021, 15 de noviembre). Alquimia de cristales. https://crystalsalchemy.com/earth-element-crystals

9 poderosos cristales del elemento Agua para el amor y la paz interior. (2021, 17 de noviembre). Alquimia de Cristales. https://crystalsalchemy.com/water-element-crystals

Darcy. (2022, 4 de agosto). Runa de protección - su guía para los significados y el uso de las runas nórdicas. Mercader de Mitología. https://www.mythologymerchant.com/rune-for-protection-your-guide-for-the-meanings-and-use-of-norse-runes/

De Leonardis, K. (2022, 3 de mayo). 6 maneras de limpiar y proteger energéticamente tu hogar - Lynn Hazan. Lynnhazan.com. https://lynnhazan.com/lifestyle/6-ways-to-energetically-cleanse-protect-your-home/

Cristales del Elemento Fuego: Las 9 mejores piedras curativas para equilibrar tus elementos. (2021, 14 de noviembre). Alquimia de los cristales. https://crystalsalchemy.com/fire-element-crystals

Greenwood, C. (2021, 10 de diciembre). 9 rituales de protección para proteger tu espacio y tu energía. Outofstress.com. https://www.outofstress.com/protection-rituals/

Infundiendo magia popular en su hogar (con sal mágica de protección). (sin fecha). Beccapiastrelli.com. https://beccapiastrelli.com/house-witchery/

Insight Network, Inc. (s.f.). Temporizador - #1 aplicación gratuita de meditación para dormir, relajarse y mucho más. Insighttimer.com. https://insighttimer.com/kathrynmccusker/guided-meditations/kundalini-mantra-meditation-aad-guray-nameh-protection

Johnson, E. (s.f.). 3 sencillos rituales de protección. Zennedout.com. https://zennedout.com/3-simple-protection-rituals/

Kristenson, S. (2022, 6 de mayo). 60 afirmaciones de protección para sentirse seguro y protegido. Happier Human; Steve Scott.
https://www.happierhuman.com/protection-affirmations/

Michelle, H. (2017, 12 de agosto). Ritual Warding para la Protección Espiritual de tu Hogar. Bruja en llamas.
https://www.patheos.com/blogs/witchonfire/2017/08/warding-ritual-protection/

Rose, M. (2022, 8 de diciembre). Cómo usar la magia de protección: 5 hechizos que limpian la energía negativa. StyleCaster.
https://stylecaster.com/how-to-use-protection-magic/

Thorp, T. (2019, 4 de febrero). Meditación guiada: Conéctate a tierra usando el elemento Tierra. Chopra. https://chopra.com/articles/guided-meditation-ground-yourself-using-the-earth-element

Tim, & Marieke. (2020, 1 de febrero). Aad Guray Nameh - mantra para la protección. Escuela de Kundalini Yoga.
https://kundaliniyogaschool.org/2020/02/01/aad-guray-nameh-mantra-protection-kundalini-yoga/

Vialet B Rayne, C. (1566601033000). Arcángeles y sus cristales. Linkedin.com.
https://www.linkedin.com/pulse/archangels-crystals-vialet-b-rayne-crmt/

Wigington, P. (2009, 5 de julio). Magia de protección. Aprender Religiones.
https://www.learnreligions.com/magic-protection-spells-and-rituals-2562176

Minotra, T. (2022, 5 de julio). 70+ poderosas afirmaciones para la protección y la seguridad. ThediaryforLife.
https://www.thediaryforlife.com/affirmations-for-protection-safety

Fuentes de imágenes

[1] https://unsplash.com/photos/W3Jl3jREpDY?utm_source=unsplash&utm_medium=referral&utm_content=creditShareLink

[2] https://pixabay.com/sv/photos/yoga-utomhus-soluppg%C3%A5ng-meditation-6723315/

[3] https://www.pexels.com/photo/a-golden-balance-scale-beside-a-laptop-6077797/

[4] https://www.pexels.com/photo/a-woman-holding-a-sage-with-smoke-6628539/

[5] https://pixabay.com/images/id-198958/

[6] https://unsplash.com/photos/Oo9IunFNKcE?utm_source=unsplash&utm_medium=referral&utm_content=creditShareLink

[7] https://unsplash.com/photos/bGxyxfqeq34?utm_source=unsplash&utm_medium=referral&utm_content=creditShareLink

[8] https://unsplash.com/photos/x69K221AGHw?utm_source=unsplash&utm_medium=referral&utm_content=creditShareLink

[9] https://unsplash.com/photos/x5hyhMBjR3M?utm_source=unsplash&utm_medium=referral&utm_content=creditShareLink

[10] https://unsplash.com/photos/1ddol8rgUH8?utm_source=unsplash&utm_medium=referral&utm_content=creditShareLink

www.ingramcontent.com/pod-product-compliance
Lightning Source LLC
Chambersburg PA
CBHW051850160426
43209CB00006B/1234